図解 わかる 税金

収入にかかる税金
財産にかかる税金
生活にかかる税金

2024-2025年版

税理士 芥川靖彦／税理士 篠﨑雄二

新星出版社

最近の税制改正 主なポイント①

	平成30年	平成31/令和元年	令和2年	令和3年	令和4年	令和5年	令和6年
消費税	平成26年4月から **税率 8%**	令和元年10月から **税率 10%**※ 8%の軽減税率を導入				令和5年10月より **日本版インボイス制度の導入**	
所得税	平成 30 年から 配偶者控除および 配偶者特別控除の見直し		令和 2 年から 基礎控除の引き上げ 給与所得控除・公的年金等 控除の引き下げ		令和 4 年より 住宅ローン控除の 見直し・延長		令和 6 年より 新NISA制度開始 所得税・個人住民税の定額減税
相続税 贈与税	平成27年から 相続税：基礎控除引き下げ、税率構造見直し 贈与税：税率構造見直し、最高税率引き上げ						
マイナンバー 制度	平成28年から 個人番号(マイナンバー)の 利用を開始			令和3年4月から 税務関係書類における印鑑の廃止			

所得税

令和6年から 新NISA制度の創設 ➡P.117 所得税・個人住民税の定額減税

令和2年から 基礎控除、給与所得控除・公的年金等控除の見直し ➡P.61～63

所得税・個人住民税の定額減税…令和6(2024)年の税制改正により、令和6年分の所得税および令和6年度分の個人住民税について、納税者および配偶者を含めた扶養親族※1人につき、所得税3万円・個人住民税1万円が控除されることになりました。ただし、納税者の令和6年分の合計所得金額が1,805万円以下(給与所得の場合は収入金額2,000万円以下)である場合に限ります。

※配偶者・親族等で、生計を一にする者のうち合計所得金額が48万円以下等一定の要件を満たす者。

給与所得者の所得税の定額減税の手続き例→令和6(2024)年6月1日以後の最初に支給される給与等(賞与を含む)の源泉徴収税額から特別控除の額が控除される(6月に控除しきれなかった額については7月以降順次控除される)。

新NISA制度〈令和6(2024)年以降〉

(出典:財務省資料より作成)

	つみたて投資枠	成長投資枠
	併用可	
年間の投資上限額	120 万円	240 万円
非課税保有期間(注1)	制限なし(無期限化)	制限なし(無期限化)
非課税保有限度額(注2)(総枠)	1,800 万円 ※簿価残高方式で管理(枠の再利用が可能)	1,200 万円(内数)
口座開設可能期間	制限なし(恒久化)	制限なし(恒久化)
投資対象商品	積立・分散投資に適した一定の公募等株式投資信託 (商品性について内閣総理大臣が告示で定める要件を満たしたものに限る)	上場株式・公募株式投資信託等(注3) (※安定的な資産形成につながる投資商品に絞り込む観点から、高レバレッジ投資信託などを対象から除外)
投資方法	契約に基づき、定期かつ継続的な方法で投資	制限なし
従前制度との関係	令和5(2023)年末までに現行の一般NISA及びつみたてNISA制度において投資した商品は、新しい制度の外枠で、現行制度における非課税措置を適用	

(注1) 非課税保有期間の無期限化に伴い、従前のつみたてＮＩＳＡと同様、定期的に利用者の住所等を確認し、制度の適正な運用を担保。
(注2) 利用者それぞれの生涯非課税限度額については、金融機関から既存の認定クラウドを活用して提出された情報を国税庁において管理。
(注3) 金融機関による「成長投資枠」を使った回転売買への勧誘行為に対し、金融庁が監督指針を改正し、法令に基づき監督及びモニタリングを実施。
※対象者は18歳以上の日本国内の居住者等。具体的な運用は取引する証券会社等で確認してください。

平成30(2018)年から令和6(2024)年までの7年間を中心に、私達の生活に大きくかかわる税制改正の主なポイントをまとめました。

・令和2(2020)年から、働き方の多様化を踏まえて、給与や年金など特定の収入だけに適用される給与所得控除および公的年金等控除の控除額が一律10万円引き下げられ、どのような所得にも適用される基礎控除の控除額が10万円引き上げられて48万円になりました。
・配偶者控除と配偶者特別控除は平成30(2018)年から見直され、配偶者控除は下表のようになりました。配偶者特別控除は、控除額38万円の対象となる配偶者の給与収入金額の上限が150万円に引き上げられ、配偶者の合計所得金額が133万円を超えると控除額はゼロになります。
➡P.66、68

納税者本人の合計所得金額	配偶者控除の控除額	
	控除対象配偶者(70歳未満)	老人控除対象配偶者(70歳以上)
900万円以下	38万円	48万円
900万円超950万円以下	26万円	32万円
950万円超1,000万円以下	13万円	16万円

消費税 ※10%への増税時に8%の軽減税率制度を導入 ➡P.215

・消費税は令和元(2019)年10月から10%に引き上げ。
・軽減税率8%の対象品目は?

飲食料品
(酒類・外食を除く)

週2回以上発行される
新聞の定期購読料

「外食」にあたらないもの:テイクアウト・持ち帰り・宅配

・標準税率10%が適用される飲食料品は?

外食・イートイン・ケータリング・出張料理など

相続税 基礎控除の引き下げ、税率構造の見直し ➡P.154、185
贈与税 税率構造の見直し、最高税率の引き上げ ➡P.185

相続税の基礎控除 平成27年1月から **3,000万円+600万円×法定相続人数**
贈与税(暦年課税)の基礎控除 平成27年1月から **110万円(変更なし)**

相続税の速算表		
区　分	税　率	速算控除額
1,000万円以下	10%	—
1,000万円超3,000万円以下	15%	50万円
3,000万円超5,000万円以下	20%	200万円
5,000万円超1億円以下	30%	700万円
1億円超2億円以下	40%	1,700万円
2億円超3億円以下	45%	2,700万円
3億円超6億円以下	50%	4,200万円
6億円超	55%	7,200万円

贈与税の速算表※1		
区　分	税　率	速算控除額
200万円以下	10%	—
200万円超400万円以下	15%	10万円
400万円超600万円以下	20%	30万円
600万円超1,000万円以下	30%	90万円
1,000万円超1,500万円以下	40%	190万円
1,500万円超3,000万円以下	45%	265万円
3,000万円超4,500万円以下	50%	415万円
4,500万円超	55%	640万円

※1　18歳以上の人が直系尊属から贈与を受けた場合。18歳以上の人が直系尊属から贈与を受けた場合以外の金額についてはP.185を参照。なお、住宅資金等のための金銭贈与に係る贈与税の時限的軽減措置についてはP.199を参照。

一生のうちにかかる税金

独身時代の税金

19歳 アルバイト
アルバイトにも、原則として所得税がかかる。

23歳 初任給
毎月の給料からは所得税、住民税が引かれる。ただし新入社員の場合、住民税は翌年から課税される。

26歳 転職
転職して再就職の時期によっては確定申告しなければならない場合もある。

結婚後の税金

28歳 結婚
配偶者控除を受けられる場合があるので、同じ収入でも独身者と税金は変わってくる。

30歳 車を買う
車も、不動産同様いろいろな税金がかかる。車の大きさによっても違ってくる。

32歳 長女誕生
子ども(満16歳以上)や年老いた親など、扶養家族が増えるほど各種扶養控除が受けられる場合がある。

※年少扶養控除(満16歳未満)は平成23年から廃止されました。一方、平成22年6月より15歳(中学生)以下の子どもがいる世帯には、子ども手当(平成24年度からは児童手当)が支給されています。

35歳 マイホーム購入
不動産は、買う・保有する・売る際それぞれに税金がかかる。

一生のうちには、いろいろな税金がかかってきます。人生の節目節目を通して、関わりのある税金や各種の所得控除などを知っておきたいものです。

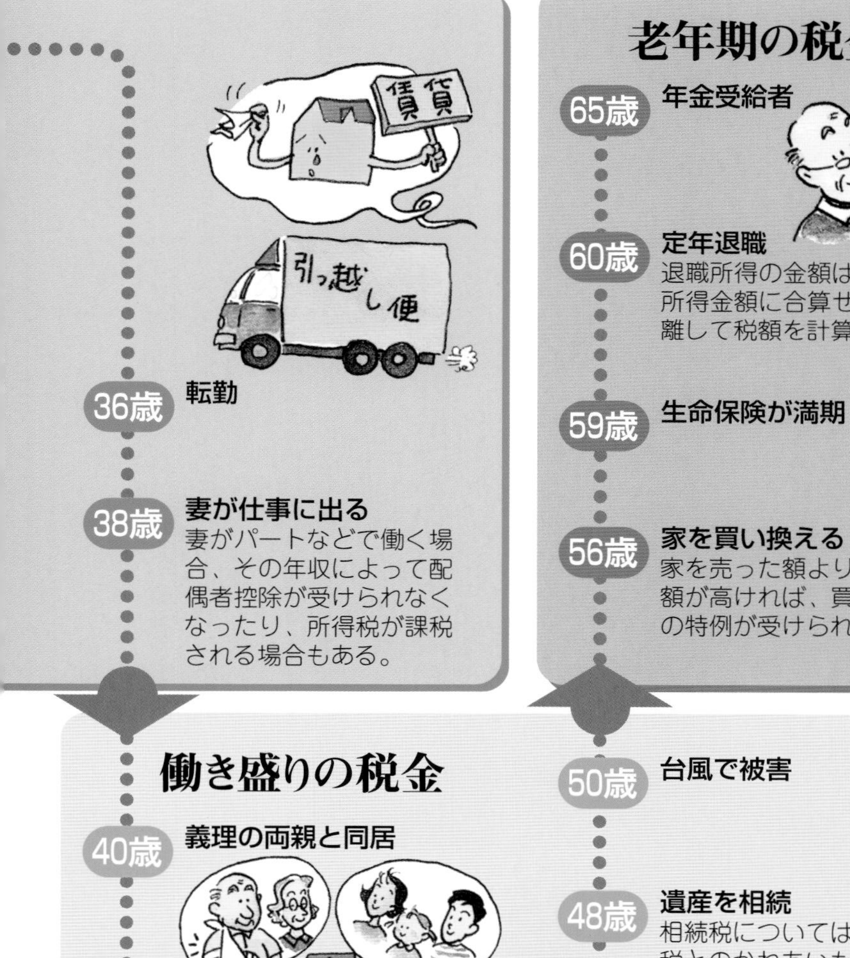

独身時代の税金

19歳 アルバイト

大学入学を機に、アルバイトを開始。進級が危なくなるほど働いたため、ちょっとした収入となり、所得税を払うことになってしまった。

所得税(P32)
勤労学生控除(P74)

23歳 初任給

必死の覚悟で就職活動に臨み、なんとか就職。あっという間のひと月が経ち、受け取った初任給に喜びもひとしお。

所得税(P32)
源泉徴収(P34)
給与所得控除(P48)
社会保険料控除(P80)
(翌年から)住民税(P102)

26歳 転 職

本来の志望だった仕事に就くために転職を決意。新しい転職先の都合で、就職まで約3か月間のブランクがあり、年末調整は受けられなかった。

年末調整(P36)
確定申告(P44)

結婚後の税金

28歳 結 婚

12月のあわただしい時期に結婚式を挙げることになり大変な思いをした。税金面ではその年の1月までさかのぼって配偶者控除が適用され、税金が戻ってきた。将来に備え、生命保険に加入した。

配偶者控除(P66)
配偶者特別控除(P68) 生命保険料控除(P82)

30歳 車を買う

ボーナスを頭金に念願の新車購入。自動車にもさまざまな税金がかかる。

自動車税種別割(P202)
自動車税環境性能割(P202)
自動車重量税(P202)
消費税(P214、P216)
サラリーマンの通勤手当(P52)

32歳 長女誕生

女児誕生。予定日よりも少し早く生まれたために、しばらく入院した。出産費用の控除を受けるため会社に届け出た。また、妻は出産のため仕事を辞めた。

医療費控除(P94)
中途退職者の確定申告(P106、P108)

35歳 マイホーム購入

将来、義理の両親と同居することを前提にマイホームを購入。資金は義父と折半し、名義も共有とした。

住宅ローン控除（P96、P194）
不動産取得にかかる税金（P120）
マイホームを維持するためにかかる税金（P129）
相続時精算課税制度（P198）
地震保険料控除（P85）

36歳 転 勤

3年間だけという約束で地方へ転勤。娘もまだ小学校入学前なので家族3人で赴任先へ移ることにした。引っ越し費用は特定支出として確定申告で控除するなどし、家は期限付き賃貸物件として不動産会社に託す。

特定支出控除（P50）
不動産所得（P24）

38歳 妻が仕事に出る

娘もそれほど手がかからなくなり、妻は仕事に出るという。配偶者控除の適用枠からはずれないように調整しながら働くようアドバイス。

配偶者控除（P66、P70）
配偶者特別控除（P68、P70）

働き盛りの税金

40歳 義理の両親と同居

3年のはずが足掛け5年になった転勤も終わり、もとの家に戻る。期せずして義父がケガで現役引退。義理の両親を迎え二世帯住宅の生活がスタート。

同居老親扶養控除（P63、P72）
障害者控除（P76）

42歳 サイドビジネス

関連会社で行われる勉強会に講師として1年間勤める。講演料が支払われたので副収入を得ることに。

雑所得（P58）
確定申告（P44）

48歳 遺産を相続

義父が死亡。遺言に従い、義理の母と妻、妻の兄の3人で遺産を相続。相続税対策に生前贈与をしたり、一部寄付もしていたが、相続税はかなりの額に達した。

相続税（P150）
贈与税（P184）
寄付金控除（P87）

50歳 台風で被害

20年ぶりの大型台風襲来。近所の河川が増水し、わが家を含む付近一帯が床下浸水の被害に遭う。

雑損控除（P90）
災害控除（P92）

老年期の税金

56歳 家を買い換える

娘が嫁ぎ、急に家の中ががらんとしたように感じられる。妻と話し合い、土いじりにちょうどいい、こじんまりとした庭付きの家に買い換えることにした。

買換え特例（P141）

59歳 生命保険が満期

30年払い続けてきた生命保険が満期となり返戻金があった。このほかにも満期を迎える保険はいくつかあるが、満期の年をずらしてあるので一時所得の特別控除を有効に使うことができる。

一時所得（P112）

60歳 定年退職

定年となり退職金を受け取った。「退職金の受給に関する申告書」を事前に提出していたので所得税と住民税は源泉徴収されていた。再就職をして週3日働き、蓄えを頼りに日々の生活を楽しみたい。

退職所得（P106）

65歳 年金受給者

公的年金を受給している場合、公的年金等控除が適用される。確定申告のときに忘れないようにしなければ。

公的年金等控除（P110）

最近の税制改正 主なポイント②

◆基礎控除の見直し

すべての人に適用される基礎控除が見直され、令和２（2020）年より基礎控除額が一律に引き上げられて48万円となりました。ただし、納税者本人の合計所得金額が2,400万円超2,450万円以下の場合は32万円、2,450万円超2,500万円以下の場合は16万円、2,500万円を超えると基礎控除は適用されません。➡P.62

◆給与所得控除の見直し

サラリーマンに適用される給与所得控除が見直され、令和２（2020）年より給与所得控除額が一律10万円引き下げられました。また給与所得控除の上限が適用される給与等の収入金額が850万円となり、その場合の給与所得控除額の上限額は195万円に引き下げられました。ただし、子育て世帯等には負担増が生じないように一定の配慮があります。➡P.48

◆公的年金等控除の見直し

公的年金等控除が見直され、令和２（2020）年より公的年金等控除額が一律10万円引き下げられました。公的年金等の収入金額が1,000万円を超える場合の控除額については195万５千円の上限が設けられました。ただし、公的年金等に係る雑所得以外の所得に係る合計所得金額が1,000万円超2,000万円以下の場合は、さらに10万円引き下げられ、2,000万円超の場合は20万円引き下げられています。➡P.111

◆消費税は10%に

消費税率は、平成26（2014）年４月から８％になり、令和元（2019）年10月から10%に引き上げられました。また、10%への引き上げと同時に、低所得者対策として、外食を除く食料品や定期購読の新聞に軽減税率８％が導入されました。➡P.214

◆日本版インボイス制度の導入

令和５（2023）年10月より日本版インボイス制度（適格請求書等保存方式）が導入されました。➡P.217

◆東日本大震災からの復興増税

東日本大震災からの復興施策として、臨時増税が行われています。➡P.33

復興特別所得税		個人住民税均等割の増税	
平成25年１月より25年間	基準所得税額※×2.1%＝１年間の増税額	平成26年６月より10年間	均等割の税額が1,000円引き上げられました

※基準所得税額とは１年間のすべての所得に対する税額。会社員の場合は、源泉徴収に併せて徴収される。

◆ひとり親控除の創設と寡婦（寡夫）控除の見直し

未婚のひとり親に寡婦（寡夫）控除が適用され、寡婦に寡夫と同等の所得制限が設けられる一方、子のある寡夫の控除額が子のある寡婦と同額の35万円になりました。ただし、住民票の続柄に「夫（未届）」「妻（未届）」の記載がある者はひとり親控除・一定の寡婦控除の対象外です。➲P.78

◆子育て支援税制の先行対応

子育て支援税制の先行対応として以下の２つの税制が導入されます。

⑴住宅ローン控除の拡充…住宅ローン控除について、令和６（2024）年限りの措置として、子育て世帯等に対する借入限度額を、認定住宅は5,000万円、ＺＥＨ水準省エネ住宅は4,500万円、省エネ基準適合住宅は4,000万円へと上乗せされます。

※子育て特例対象個人…子育て支援税制の対象となる個人とは、年齢40歳未満で配偶者を有する人、年齢40歳以上であって年齢40歳未満の配偶者を有する人または19歳未満の扶養親族を有する人➲P.98

⑵既存住宅に係る特定の改修工事をした場合の所得税額の特別控除…子育て特例対象個人が所有する居住用の家屋について一定の子育て対応改修工事を行い、当該居住用の家屋を令和６（2024）年４月１日から同年12月31日までの間に居住の用に供した場合を適用対象に追加し、その子育て対応改修工事に係る標準的な工事費用相当額（250万円を限度）の10%に相当する金額をその年分の所得税の額から控除する。➲P.101

◆税務関係書類の押印義務の見直し

税務関係書類の押印義務は、令和３(2021)年４月１日から原則廃止されました。

◆森林環境税の創設

森林環境税は、令和６(2024)年度から国内に住所を有する個人に課税する国税で、税率は年額1,000円、市町村が個人住民税と合わせて賦課徴収されます。

◆その他の主な税制改正項目

- 既存住宅の耐震改修に対する所得税額特別控除の適用期限を２年延長➲P.101
- 既存住宅に係る特定の改修工事をした場合の所得税額の特別控除について、一定の措置を講じた上、適用期限を２年延長➲P.101
- 認定住宅等の新築等をした場合の所得税額の特別控除について、一定の措置を講じた上、適用期限を２年延長➲P.101
- NISA制度（少額投資非課税制度）の抜本的拡充・恒久化。➲P.117
- 空き家に係る譲渡所得の特別控除の特例を見直し、適用期限を４年延長。➲P.143
- 特定居住用財産の譲渡損失の繰越控除等の適用期限を２年延長➲P.136
- 特定の居住用財産の買換え及び交換の場合の長期譲渡所得の課税の特例の適用期限を２年延長➲P.142
- 相続開始前に贈与（暦年贈与）があった場合の相続税の課税価格への加算期間を見直し。➲P.156
- 相続時精算課税制度について別途、基礎控除制度などを創設。➲P.198

※本書の内容は、原則として令和６（2024）年４月１日現在の法律によっています。

はじめに

現代は税金の時代といわれ、景気の変動が私たちのくらしに直接影響を与えることを実感して久しくなりました。

それにともない、自分たちの納めている税金が実際にどのような目的に使われているかをシビアに見る目が鍛えられてきています。しかし、税金というとまだまだ難しいイメージがつきまといます。また、サラリーマンは毎月の給与から所得税などが源泉徴収され、年末調整で精算される人がほとんどです。自分で確定申告をする必要もなく納税の手続きが済んでしまうので、ともすると税金に対する認識も薄れがちです。

本書は、税金について、気になるけれどわかりにくくて抵抗感がある、という方たちに読んでいただけるように構成してまとめてあります。私たちの生活に、実のところ密接な関係のある「税金」というものに、本書を通してより深い知識をもっていただければ何よりです。

なお、本書の内容は、原則として令和６（2024）年４月１日現在の法律によっていますが、最新の情報は、財務省、国税庁などのHPでご確認ください。なお、特例などの適用は各人の状況によって異なる場合があります。確定申告などは専門家に相談しながら行ってください。本書の執筆にあたり、資料の収集・整理に多大な協力をしてくれた事務所スタッフに心より感謝します。

税理士　芥川靖彦
税理士　篠﨑雄二

CONTENTS

もくじ

PART 5 さまざまな税金

執筆協力●田部井　聡
デザイン●風間正江・多胡さおり・松本君子・松田美由紀
イラスト●海老原ケイ・くぼゆきお・大橋健造・杉本啓子・オオシマヤスコ

くらしと税金

PART 1

なぜ税金を納めるのか

国や地方公共団体が公共サービスを提供する場合、それにはどうしても資金が必要になります。その資金を国民に求めたのが税金です。人々がそれぞれ社会で生きていく上での会費といってもいいでしょう。

税金はなぜ取られるのか？

徴税の根拠となる考え方には、いくつかの学説があります。

国民は国などの活動により利益を得るので、その代償として必要な費用を払うという説や、人が生きていくためには国や地方公共団体が必要不可欠なので、その経費を払うという説、また、国などが国民の生命や財産を保護する保険者と考え、その保険料を支払う、という説などです。

憲法第30条が徴税の根拠

国や地方公共団体が税金を徴収するのには法律的な根拠があります。それが日本国憲法の第30条です。ここに“国民は法律の定めるところにより納税の義務を負う”と、はっきり掲げられています。

税金のはたす３つの役割

税金には、以下の３つの役割があると考えられています。

人の生活に不可欠な公共サービス

国や地方公共団体が整備する道路や上下水道、教育や警察などの公共サービスは、私たちの生活を安全で快適なものにしてくれます。

税金はこの大きな役割の資金源になっています。

基本用語集→ 租税…国または地方公共団体が、公共サービス等にあてるため個人や法

●所得の再配分機能

ご存じのように、世の中には経済的に豊かな人とそうでない人がいます。これを放置しておくと、その差がどんどん広がっていってしまうことになります。

そうした経済的格差は社会不安を招き、場合によっては暴動も起こりかねません。それを回避することも、税金の役割なのです。

相続税や所得税の累進課税により、豊かな人たちからその富を税金として徴収し、豊かでない人には社会保障をより多く給付します。

このように税金の徴収によって所得を再配分することで、社会の富が豊かな層からそうでない層へ還流することになります。

●景気の調節機能

景気を調節することも税金の果たす大きな役割のひとつです。

自動安定化機能とは、景気のいいときには資金を吸いあげることで景気の過熱を防ぎ、不景気時には資金を供給することで景気を刺激することが好ましいというものです。

また、政府は好況時には税負担を増加させ、可処分所得を減らすことで景気を抑制し、不況時は減税によって可処分所得を増大させることで景気を刺激します。

ONE◆POINT 税金を払わないとどうなる?

たとえば、税金を滞納している人がいたとします。すると、税務署は法律にしたがって、その税金の未納に対する処分を行わなければなりません。そういう場合は、督促状が送られてきます。完納しない場合は未納の人の財産を強制的に差し押さえて換価し、その代金を滞納している税金とします。

人から徴収する金銭のこと。国が徴収する国税と地方公共団体が徴収する地方税がある。

PART 1

税金の種類

税金は、いくつかの種類に分けられています。一般的には、その課税主体や内容によって、国税と地方税、直接税と間接税など、以下のように分類されているので、その概要を知っておくようにしましょう。

国税と地方税

国に納める税金が国税で、地方公共団体に納めるものが地方税です。国税は税務署が担当し、地方税のうち道府県民税（都民税を含む）は都道府県の税務事務所が、市町村民税は市町村の税務課が担当しています。

直接税と間接税

法人税や所得税などは、税金を負担する人と税金を納める人が同一なので直接税といいます。一方、消費税や酒税のように、税金を負担する人と税金を納める人が異なるものを間接税といいます。

基本用語集 国税…国に納める税金。所得税、法人税、相続税、酒税、たばこ税、消

国税と地方税の種類

課税の種類	国税	地方税
所得課税	所得税 法人税 地方法人税 特別法人事業税 森林環境税 復興特別所得税	住民税 事業税
消費課税	消費税 酒税 たばこ税 たばこ特別税 揮発油税 地方揮発油税 石油ガス税 航空機燃料税 石油石炭税 電源開発促進税 自動車重量税 国際観光旅客税 関税 とん税 特別とん税	地方消費税 地方たばこ税 ゴルフ場利用税 軽油引取税 自動車税（環境性能割・種別割） 軽自動車税（環境性能割・種別割） 鉱区税 狩猟税 鉱産税 入湯税
資産課税等	相続税・贈与税 登録免許税 印紙税	不動産取得税 固定資産税 特別土地保有税 法定外普通税 事業所税 都市計画税 水利地益税 共同施設税 宅地開発税 国民健康保険税 法定外目的税

（出典：財務省資料より作成）

費税など。

くらしと税金

私たちが納めた税金は、最終的には国や地方公共団体に集められ、それらの運営や公共のサービスに充てられています。しかし、その税金は実際にどのような流れをたどっていくのでしょうか。

税金のゆくえ

国に納める税金が国税、都道府県など地方公共団体に納める税金が地方税です。国税は、大別すると内国税と関税に分かれ、内国税はさらに取得税、財産税、消費税、流通税に分かれています。地方税は、都道府県税と市町村税から成り立っています。

日常生活と税金の関わり

私たちがふだん生活をしているときは、あまり国という存在を意識することはありません。しかし、空気や水と同じように、国家もなくなると非常に困るものです。たとえば、国という後ろ楯がなければ、法律をきちんと守る人だって少なくなるでしょう。また、お金がそれなりに安定した価値で流通しているのも国があればこそのことです。無法状態での生活、しかも国際的になんの価値もない貨幣経済での暮らしなどは、考えたくもないはずです。そのため、我々の生活の基盤である国を維持するために税金があると考えられています。

基本用語集 → 地方たばこ税…小売業者に卸売販売業者等が製造たばこを売り渡したと

くらしと税金

私たちの生活において、税金はさまざまな関わりをもっています。サラリーマンが受けとる給料（所得）など、経常的・臨時的な収入にかかる税金や、相続税や固定資産税などの財産にかかる税金、また、消費税など消費生活にかかる税金もあります。私たちの生活と税金は常に密接な関係にあるのです。

給料をもらう

車を買う・車に乗る

たばこと税金

たばこの値段には、さまざまな税金が含まれています。定価580円、１箱20本入りのたばこを例にみてみましょう（令和５〈2023〉年４月現在）。

まず、たばこ税という国税（136.04円）がかかります。ほかにも地方たばこ税がかかり、ひとつが市町村たばこ税（131.04円）、もうひとつが道府県たばこ税（21.40円）になります。さらに、たばこ特別税（16.40円）に加えて、消費税もかかりますので、これらの税金を含んだたばこの正味価格に10パーセント（52.73円）をプラスしたものが定価です。

要するに、たばこは全体の61.7パーセント、357.61円が税金になるわけです。

きに、本数を課税標準として課される。道府県たばこ税と市町村たばこ税がある。

● PART 1

税金の決められ方

“新たに租税を課し、または現行の租税を変更するには、法律または法律の定める条件によることを必要とする”と憲法84条にあります。つまり、増税するときはもちろん減税するときにも、国会による審議などが必要です。

租税法律主義

法律によって税金の徴収を定めていることを租税法律主義といいます。日本はこの主義にしたがっていますので、選挙によって選ばれた代表者が国会で税金にまつわるアレコレを決めているわけです。

税金は、国の財政と密接に関係していますので、税法を改正する場合は、次年度の予算編成と一緒に審議されます。予算関連法案として、2月上旬から国会で話し合いがはじまり、3月末に成立、4月1日より施行されるのがふつうです。

税制調査会

この国民生活に多大な影響を与える税制について調査、審議する機関は、税制調査会と呼ばれています。税制調査会は政府や政党内にあります。

○条例

地方税法の枠内であれば、都道府県や市町村が定めた条例によっても住民に対して課税することができる。

○通達

現実的には、納税者に対して法律と同じ効力をもつことが多いが、本来は税務当局の内部的なものなので、一般の納税者が拘束されることはない。

基本用語集 課税標準…税額決定の基準となる課税物件を数量や価格など数値で表わ

税金の流れ

課税主体

課税権に基づいて、税金を課し、徴収する国や地方公共団体のこと

税金

課税客体

税金がかかる対象となる物件、行為、事業など

課税標準

課税客体を具体的に数量や価格など数値で表したものをいう

納税義務者

税金を納める義務があると定められた者をいい、個人および法人がある

したもの。税率を乗ずる金額。

● PART 1

非課税所得と控除

非課税所得とは、所得税が課されない所得のことです。所得税を計算するときに個人的な事情を加味して税負担を調整するのが所得控除、所得税額から一定の金額を控除するのが税額控除です。

●●● 非課税所得

所得のなかには、社会政策その他の見地から所得税を課さないものがあります。これを非課税所得といいます。非課税の適用を受けるための手続きは原則として必要ありません。会社員の場合は、限度額内の通勤手当など(P.52参照)が非課税所得となります。

●●● 所得控除と税額控除

所得控除と税額控除のふたつは、どちらも税金を安くするという意味で同じであるうえ、計算上も、ある金額を引くという行為が似ているので、混同しないよう注意してください。

必要経費のように、所得金額から一定額が差し引かれるのが所得控除。社会保険料控除や医療費控除などがあります。それに対して税額控除とは、最終的に計算された税額から一定額を差し引くことをいいます。株の配当に対する配当控除などがあります。

基本用語集 → 給与所得控除…給与所得者の必要経費を標準的かつ、概算的に一定額を

所得控除

雑損控除	その年の所得の10パーセントを超える損害額。➲ P.90
医療費控除	10万円を超える医療費を払った場合、その超えた部分。（支払い医療費ー補填金額）ー（10万円と所得の５％のどちらか少ない額）➲ P.94　医療費控除の特例については➲P.95
社会保険料控除	保険料の全額。➲ P.80
小規模企業共済等掛金控除	掛け金の全額。➲ P.81 個人型確定拠出年金iDeco（イデコ）　掛け金の全額➲ P.81
生命保険料控除	平成23年までは一般生命保険料控除と個人年金保険料控除（各最高5万円、合計最高10万円）平成24年から介護医療保険料控除が創設され、控除額の上限は各4万円➲ P.82
地震保険料控除	保険料または掛け金の全額。ただし最高５万円。➲ P.85
寄付金控除	その年の所得金額の40パーセントを上限。（支払額と所得の40%のどちらか少ない額）－２千円➲ P.87
障害者控除	27万円（特別障害者は40万円）➲ P.76
ひとり親控除・寡婦控除	35万円（一定の寡婦は27万円）➲ P.78
勤労学生控除	27万円➲ P.74
配偶者控除※	配偶者の合計所得金額が48万円以下のとき、0～38万円。老人控除対象配偶者は0～48万円➲ P.66
配偶者特別控除※	配偶者の合計所得金額が48万円超133万円以下のとき、１～38万円➲ P.68
扶養控除	成年扶養親族１人につき38万円(老齢者など特例あり)など➲ P.72
基礎控除※	納税者につき0～48万円➲ P.61

※納税者本人の合計所得金額によって控除額が決まる。➲ P.66、P.68

税額控除（主なもの）

配当控除	課税所得が1,000万円以下のときは配当所得の10パーセント。➲ P.116
住宅ローン控除	個人が住宅ローン等を利用してマイホームの新築・取得等をした場合で一定の要件を満たすときは、住宅ローン等の年末残高の一定額が控除される。➲ P.96
外国税額控除	一定の計算式による。
住宅耐震改修特別控除	一定の耐震改修を行った場合に受けられる。
住宅特定改修特別税額控除	家屋のバリアフリー改修や省エネ工事等一定の要件を満たすときに受けられる。

控除することが認められていることを給与所得控除という。

● PART 1

税金の納め方

税金の納め方には、“申告納税”“賦課課税”“印紙納付”“源泉徴収”などの方式があります。その中でも代表的なものが申告納税です。主な国税のほとんどに採用されているのがこの方式なのです。

納税方式の種類

申告納税

納税者が、自分で所得金額や税額を計算して申告し、税金を納めるのが申告納税です。自分自身が自らの税額を計算して確定する、という非常に民主的な制度ですが、計算を間違える、というデメリットもあります。

主な国税のほとんどがこの方式で納税されていますが、地方税でも法人住民税や法人事業税などはこの制度によっています。

賦課課税

地方税で比較的多く採用されている納税方式が賦課課税です。地方公共団体などが法律にしたがって税額や納期、納付場所などを確定する制度です。

印紙納付

不動産売買契約書や領収書などの課税文書を作成したときは印紙税という税金がかかります。納税には、書類などに購入した印紙を貼って消印しなければなりません。

国税徴収法…国税が納期限までに納付されない場合、滞納処分その他の

納税方式の種類

種類	方法	この方法で納める税金等
申告納税方式	納税者が、自分で納める税額を計算し、申告して納めます。	・法人道府県民税 ・法人事業税 ・法人税 ・所得税 ・消費税 ・相続税 ・軽油引取税（自己消費分） ・特別土地保有税 ・事業所税　など
賦課課税方式	課税庁が、法律で決められた方法で税額を決定し、その税額や納期、納付場所などを記載した納税通知書を納税者に送り、それによって納めます。	・不動産取得税 ・自動車税種別割 ・固定資産税 ・都市計画税 ・鉱区税　など
印紙納付	印紙税法別表の課税物件表に限定列挙された文書に対して課税されます。課税文書の作成時に、課税文書などに課されるべき印紙税相当金額の印紙を貼り、消印することにより納付します。	・建築工事請負契約書 ・土地賃貸借契約書 ・金銭消費貸借契約書 ・約束手形 ・為替手形 ・不動産売買契約書 ・売上げ代金の受取書　など

ONE◆POINT 青色申告と白色申告

毎日の取引を所定の帳簿に記録して、それに基づいて正確に税額計算するのが青色申告です。この申告をすると、青色申告特別控除などが認められるほか、いくつかの税法上の恩典があります。これ以外の申告方式が白色申告ですが、白色だからといって帳簿などなくてもいいというわけではありません。平成26年から、白色申告（個人）のすべての人が、記帳と帳簿の保存を義務づけられることになりました。

徴収に関する手続きを主な内容とする国税徴収に関する基本法。

所得の種類は10種類

コツコツ働いて得た所得と土地を売って儲けた所得などを同一のものとして扱うのは不公平でしょう。このため、所得は、稼いだ方法によって10種類に分類されます。それぞれに見合った、適正な税額を出すための計算法が決められているのです。

10種類の所得区分

どのようにしてその所得を得たかで、税負担を調整するためにあるのが所得区分です。以下10種類の所得に分類されています。

それぞれの所得計算法

1. 利子所得

公社債や預貯金などの利子、または合同運用信託や公社債投資信託の収益の分配金による所得のこと

利子所得の金額	=	利子収入

基本用語集→所得税…個人の所得に対して課される税金。多くの国で租税制度の中心

2．配当所得

法人から受ける株式の配当金や利益金の分配、証券投資信託の利益分配金など

配当所得の金額	＝	収入金額	－	元本を取得するために借りた借入金の利息

3．不動産所得

土地や家屋を貸して得られる地代や家賃などによる収入

不動産所得の金額	＝	収入金額	－	必要経費

4．事業所得

農業や漁業、製造業、小売業、サービス業などの事業を経営して得る所得

事業所得の金額	＝	収入金額	－	必要経費

ONE◆POINT　暗号資産（仮想通貨）を売却することにより生じる利益は？

暗号資産（仮想通貨）を売却または使用することで生じる利益は、原則として雑所得※に区分され、所得税の確定申告が必要です。なお、年末調整済みの会社員の方で、暗号資産（仮想通貨）の売却または使用による所得が20万円以下の人は、他に所得がない場合は確定申告の必要はありません。また、雑所得の金額の計算上生じた損失については、雑所得以外の他の所得との通算はできません。

※一定の場合、事業所得となる場合がある。

となっている。

5．給与所得

サラリーマンが受ける給料やボーナスなどによる所得

給与所得の金額	＝	給与収入	−	給与所得控除

6．退職所得

退職金や退職一時金などによる所得

退職所得の金額	＝	｛ 退職金収入	−	退職所得控除 ｝	$\times \frac{1}{2}$

7．山林所得

所有期間が５年を超える山林を伐採し譲渡等による所得

山林所得の金額	＝	収入金額	−	必要経費	−	特別控除額（50万円）

8．譲渡所得

不動産や金地金、ゴルフ会員権などの資産を売却して得た所得

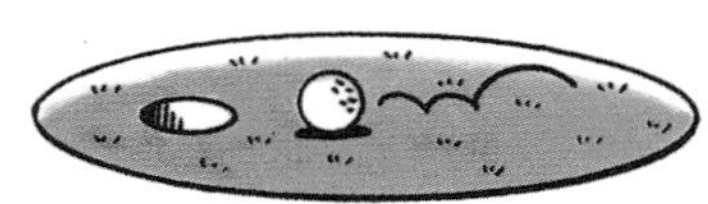

基本用語集 → 事業所税…都市環境の整備および改善の費用にあてるため、都区内や指

譲渡所得の金額	＝	総収入金額	－	取得費 ＋ 譲渡費用	－	特別控除額

9．一時所得

懸賞金など、継続性のない一時的な所得

一時所得の金額	＝	｛ 収入金額	－	収入を得るための費用	－	特別控除額（50万円） ｝	$\times \frac{1}{2}$

10. 雑所得

1から9のいずれにもあてはまらない所得

雑所得の金額（公的年金等）	＝	年金収入	－	公的年金等控除

雑所得の金額（業務・その他）	＝	収入金額	－	必要経費

※業務：副業、シェアリングエコノミー、原稿料などの副収入
※その他：ＦＸ、先物取引など

ONE◆POINT 増えている会社員の副業

低成長が続く日本経済ですが、給与が上がらない業種もあり、副業を始める会社員が増えています。この場合、アルバイト的に時給で働けば給与所得となり、本業の勤務先の会社の給与と合わせて確定申告が必要となります。また、請け負いで食料品の配達などで得られた副収入は、原則、雑所得として本業の会社の給与と合わせて確定申告をすることになります。

定都市などの事業所の床面積と従業者の給与総額を課税標準に課される。

● PART 1

所得の種類が違うと課税方法も違ってくる

所得税の課税方法には、大別すると総合課税と申告分離課税のふたつがあります。総合課税とは、給与所得や事業所得、不動産所得などすべての所得を一括して計算するもので、それに含まれない不動産の譲渡所得などが申告分離課税となります。

総合課税とは

総合課税とは、1年間にその人に生じたすべての所得を合計して、課税の対象とする計算の仕組みのことです。所得を合計したうえで各種の所得控除をマイナスし、それに適切な累進課税率を乗じることで納めるべき税額が求められます。

申告分離課税とは

申告分離課税は、特定の所得については他の所得と合計しないで、それだけに独自の税率をかけて税金の計算をする方法です。たとえば、土地を売った場合などは一度に多額の所得を発生させるので、総合課税にすると税負担が著しく大きくなってしまいます。

こうした突然起こるときの税金の負担を緩和するために、特別に申告分離課税が設けられているのです。また、逆にかつてのように不動産を転売して大きな利益が出たときなどは、税負担を重くするためにこの制度が適用されます。

基本用語集 → **総合課税**…所得税法は所得の金額を発生源泉別に10種類に分類している

源泉分離課税

利子や割引債の償還差益、金融類似商品などの利差益などは、それぞれの税率で受け取り時に税金が天引きされています。これが源泉分離課税です。申告分離課税と違って確定申告の必要がなくなります。

各所得の課税方法

事業所得 → 総合課税

不動産所得 → 総合課税

利子所得 → 源泉分離課税

特定公社債の利子等は申告分離課税または申告不要

配当所得 → 総合課税
→ 申告分離課税
（どちらか）

・大口株主、非上場株は総合課税
・申告不要制度あり

給与所得 → 総合課税

譲渡所得 → 申告分離課税(土地建物等)
→ 総合課税(それ以外)

一時所得 → 総合課税

山林所得 → 申告分離課税

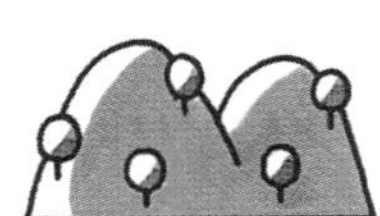

退職所得 → 申告分離課税

雑所得（公的年金等） → 総合課税

雑所得（業務） → 総合課税

シェアリングエコノミー

雑所得（その他） → 総合課税
→ 申告分離課税
（どちらか）

ＦＸ、先物取引→申告分離課税
海外ＦＸ→総合課税

が、所得税額を計算する際にこれらを合算して計算する方法。

● PART 1

税計算にあたってのポイント

税金の計算は、まず総合課税から先に計算を行い、次に申告分離課税の計算をします。総合課税は累進課税制度がとられ、計算には、税額表（速算表）を使います。また、申告分離課税はそれぞれの所得ごとに税率が決まっています。

税額計算の流れ

総合課税	申告分離課税
課税総所得金額	各所得金額
×	×
税　率	税　率
＝	＝
課税総所得金額に対する税額	各所得金額に対する税額
−	−

税額控除
配当控除　住宅ローン控除など

＝

税　額

−

源泉所得税額

＝

申告税額

基本用語集 → 申告分離課税…土地・建物などの譲渡所得については、一般の所得とは

累進課税制度

累進課税制度とは、所得の多い人にはたくさん、少ない人にはそれなりに税金を負担してもらおうという制度です。平成27（2015）年分以降は５パーセントから45パーセントまで７段階の税率が設けられています。

表を参照して、自分がどこにあてはまるのかを確認してみてください。

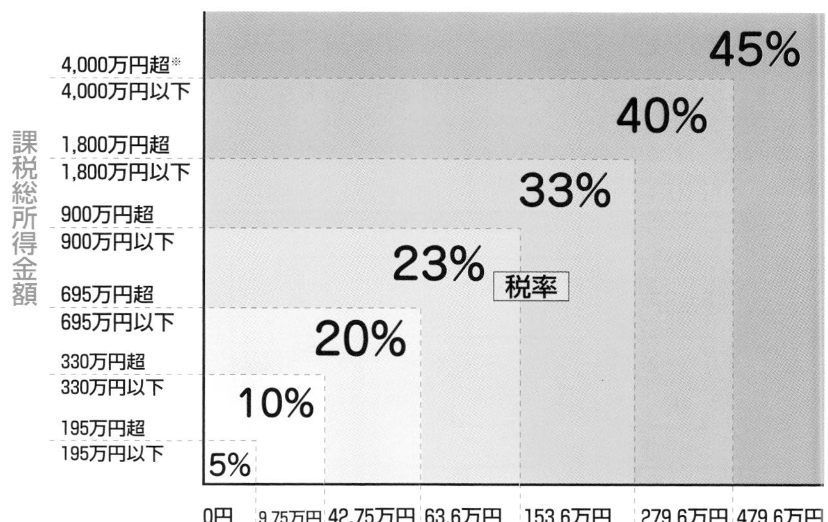

※1,000円未満の課税所得金額は切り捨てる。
※令和７（2025）年より、極めて高い水準の所得に対する負担の適正化が講じられる。

申告分離課税の税率

前項でも述べたように、山林所得や退職所得、土地・建物や株の譲渡所得などは他の所得とは区別し、特別の税率を適用して税額を計算する申告分離課税がなされます。特に、土地・建物の譲渡所得については、その所有期間（譲渡日を含む年の１月１日現在で、所有期間が５年超ならば長期譲渡所得、５年以下なら短期譲渡所得となる）によって計算方法や税率が異なりますので、注意してください。

PART 1

所得税の原則

所得税は、個人の所得に対して国がかける税金のことです。その人の1年間のすべての所得から、各種の所得控除を差し引いた残りの金額（課税所得金額）に、所定の税率を適用して税額を決定します。

所得とは

あなたが働いて得た収入のうちから、必要経費を差し引いた金額を“所得”といいます。

収入 － 必要経費 ＝ 所得

所得控除

税法上は、たとえ同じ所得金額であっても扶養家族の人数や、病気がちであるなどの個人の事情によって公正を期するために、それぞれの税負担を勘案する配慮がなされています。それが所得控除です。

そのため、税金がかかるのは収入から必要経費を引いた所得に対してではなく、そこからさらに所得控除を引いた部分に課税されるのです。

所得 － 所得控除 ＝ 課税総所得金額

税額の計算

所得税の税額は、1年間のトータルな所得から、所得控除を差し引いた残りの課税総所得金額に、税率を適用して計算します。その税率には、儲けて

基本用語集 → 納税…金銭により銀行・郵便局を通じて、あるいは税務署に直接納付す

いれば儲けているほど税金が高くなる累進課税制が採用されています。

なお、東日本大震災からの復興施策として、平成25（2013）年１月より25年間は復興特別所得税※（基準所得税額×2.1％）が課税されます。

※会社員の場合は、源泉徴収に併せて徴収される。

①＝［課税総所得金額（A）］×［税率（B）］−［控除額（C）］＝［基準所得税額］

②＝［基準所得税額］×2.1％＝［復興特別所得税額］

③＝①＋②＝［所得税および復興特別所得税の額］

所得税の税額表（速算表）

課税される所得金額(A)		所得税率(B)	控除額(C)	税額＝(A)×(B)−(C)
	195万円以下	5%	0円	(A)×5%−0円
195万円超	330万円以下	10%	97,500円	(A)×10%−97,500円
330万円超	695万円以下	20%	427,500円	(A)×20%−427,500円
695万円超	900万円以下	23%	636,000円	(A)×23%−636,000円
900万円超	1,800万円以下	33%	1,536,000円	(A)×33%−1,536,000円
1,800万円超	4,000万円以下	40%	2,796,000円	(A)×40%−2,796,000円
4,000万円超		45%	4,796,000円	(A)×45%−4,796,000円

※課税される所得金額に1,000円未満の端数があるときは、これを切り捨てる。

〈計算例〉

②＝［基準所得税額 872,500円］×2.1％＝［復興特別所得税額 18,322円］

③＝①＋②＝［求める所得税額 890,822円］

※（源泉徴収税額などを差し引いて100円未満切り捨て）

納める時期と方法

所得税は申告納税のシステムを採っていますので、確定申告によって納めるのが基本です。事業所得者などは、１年間の所得金額を自分で計算し、原則として翌年の２月16日から３月15日までの間に、住所地を管轄する税務署に確定申告を行います。所得が会社からの給与のみのサラリーマンが自分で申告することはそれほどないでしょうが、サラリーマンでも確定申告をして、所得税を納めなければならないことがあります。

る。一定の場合、クレジットカード等による納付ができる。

PART 1

源泉徴収とは

サラリーマンの税の三本柱は“源泉徴収制度”と“年末調整”“確定申告”です。毎月の給与から税金が天引きにより源泉徴収された後、年末調整という再計算をすることで適切な税額が決まります。これにもれたものを処理するのが確定申告です。

申告納税と源泉徴収制度

所得税は、納税者自身が1年間の所得金額とそれに対する税額を計算し、これらを申告して納税する“申告納税”が建て前とされていることは前に述べました。

しかし、これと並行して特定の所得については、その所得の支払い者が支払いの際に源泉所得税を徴収してこれを納付する“源泉徴収制度”も採用されています。

源泉徴収制度とは、給料や利子、配当、報酬などを支払う者が、支払いの際に行うものです。所定の方法で源泉所得税額を計算し、支払い金額よりその源泉所得税額を差し引いて、これを税務署に納付します。

源泉徴収と年末調整・確定申告との関係

この制度により源泉徴収された税の額は、源泉分離課税とされる利子所得などを除き、最終的にはその年の年末調整や確定申告で精算されます。

基本用語集 還付金…納税者へ戻す税金。確定した税額が予定納税、源泉所得税額を

源泉徴収の流れ

月々の給与や賞与を支払う際に行う源泉徴収事務	控除対象配偶者、扶養親族などの確認 ↓ 給料や賞与に対する源泉所得税額の計算 ↓ 源泉所得税額の徴収とその事務の記録 ↘ 源泉所得税額の納付	毎月の源泉徴収×12カ月

↓

その年最後の給料を支払う際に行う源泉徴収事務	生命保険料・地震保険料控除、配偶者特別控除 扶養控除などの諸控除額の確認 ↓ 年末調整による過不足税額の精算と納付 ↓ 源泉徴収票の本人への交付と市区町村への提出	年末調整

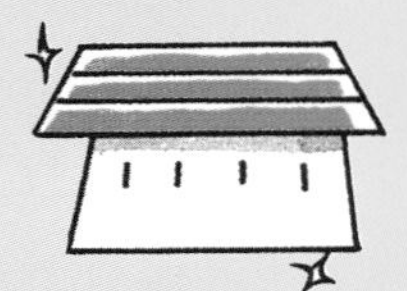

↓

年末調整までに処理できなかったものや
医療費控除、住宅ローン控除（初年度）の
還付申告などは確定申告で

下回った場合には、税金は還付される。

年末調整とは

毎月の給与から天引きされた源泉所得税の１年間の合計と、年収に対する税金は、必ずしも一致するとは限りません。そこで、その過不足を何らかの方法で精算する必要が出てきます。それが年末調整です。

年末調整とは

会社が１年間の最後の給与を支払うときに行う手続きが“年末調整”です。

まず、その給与の支払いを受ける１人ひとりについて、１年間の給料の合計額を算出します。そうして、納めなければならない税金の額（年税額）を導き出すわけです。

それを、すでに月々の給与から天引きしていた源泉所得税の年間合計額と比較します。その結果、この二者に対して違いがあれば、その過不足を精算しなければなりません。

（源泉所得税額の合計額）＞（実際の所得税額）➡税金が返ってくる
（源泉所得税額の合計額）＜（実際の所得税額）➡さらに税金を支払う必要がある

源泉所得税の合計額と年税額が一致しないわけ

１年間の源泉所得税の合計額と、その人の年間の所得税額は一致しないことがほとんどです。それには次のような理由があります。

まず源泉所得税額表は、年間を通して毎月の給与の額に変動がないものとして簡略化されて作られています。しかし、実際には年の途中でも昇給したり月により残業時間が異なるなど、給与の額に変動があります。

基本用語集 → 給与所得者と確定申告…年末調整により給与等に係る所得税について精

また、年老いた両親を引きとるなど扶養親族等の異動があったりして、所得控除が生じたりすることもあります。その際、会社ではその月からの事務処理を行っても、1月までさかのぼっての処理がなされないこともあるのです。さらに、配偶者特別控除や生命保険料、地震保険料の控除などは、もともと年末調整の際に控除することになっているのです。つまり、月々の源泉徴収の段階では処理されていません。

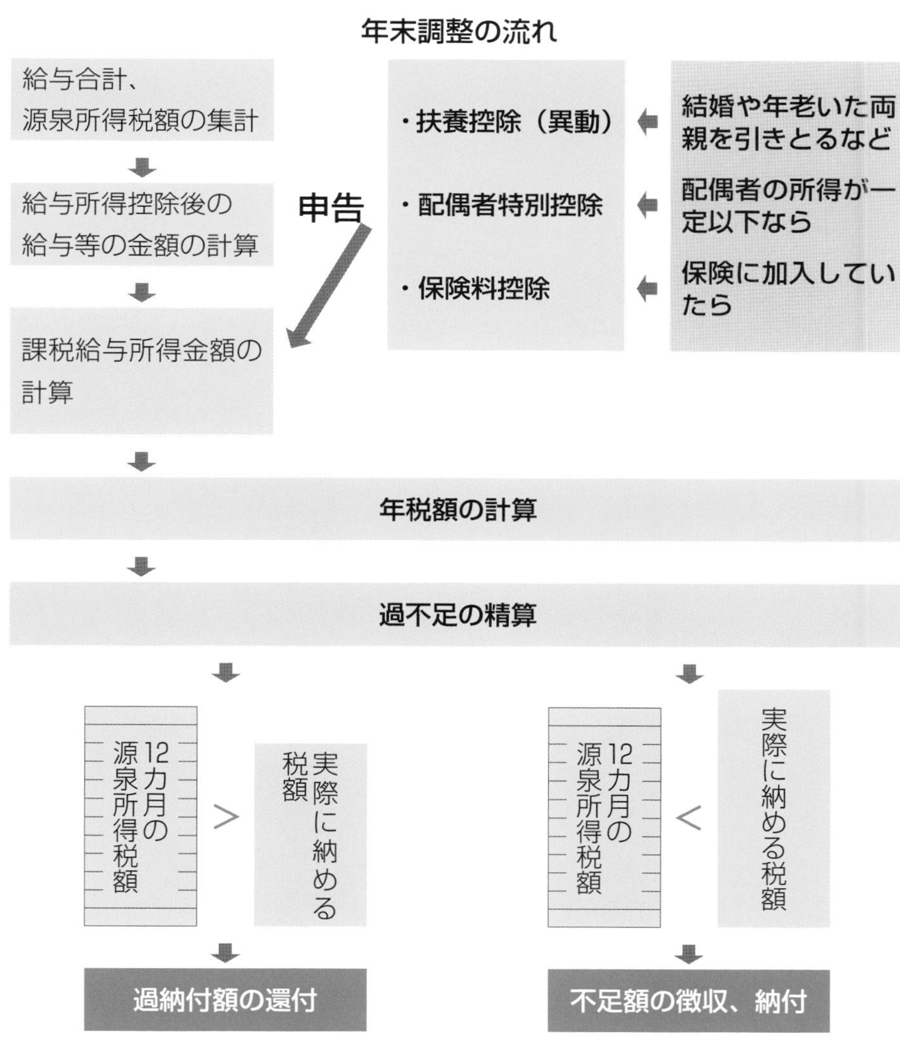

算された給与所得者は、原則として確定申告の必要はない。

●●● 年末調整の対象となる人

会社に“給与所得者の扶養控除等（異動）申告書”を提出している人で、以下のいずれかに該当する人が、年末調整の対象になります。

1、１年を通じて勤務している人
2、年の途中で就職し、年末まで勤務している人
3、年の途中で退職した人のうち、次の人

・死亡により退職した人

・著しい心身の障害のために退職した人で、その退職時期から判断して、年末までに再就職ができないと見込まれる人

・いわゆるパートタイマーとして働いている人などが退職した場合で、１年間に支払いを受ける給与の合計が103万円以下である人（退職後、年末までに他の会社から給与の支払いを受けられると見込まれる人を除く）

・年の途中で、海外の支店に転勤したなどの理由により、非居住者となった人（非居住者とは、日本国内に住所や１年以上居所を有しない人をいう）

源泉徴収票…給与支払者は、個人別に源泉徴収票を作成し、支払いを受

年末調整の対象とならない人

以下のいずれかに該当する人は、年末調整の対象になりません。これらの人は確定申告が必要となります。

1．1年間の給与の収入金額が2,000万円を超える人

2．災害により被害を受けて、"災害被害者に対する租税の減免、徴収猶予等に関する法律"の規定により、1年分の給与に対する源泉所得税の徴収猶予や還付を受けた人

3．2か所以上から給与の支払いを受けている人で、他の給与の会社に"給与所得者の扶養控除等（異動）申告書"を提出している人や、年末調整を行うときまでに"給与所得者の扶養控除等（異動）申告書"を提出していない人

4．年の途中で退職した人で、年末調整の対象となる人以外の人

5．非居住者

6．継続して同一の雇用主に雇用されない、いわゆる日雇労働者など

ONE◆POINT 非居住者・外国法人に対する課税

日本の租税法は、日本国内に効力を有していますが、非居住者や外国法人については、本来本国でも課税を受ける場合が十分に考えられるため、居住者や内国法人と同じように課税すると、二重課税が予想されます。

そこで所得税法などでは、これらの者については、日本国内に源泉のある所得についてのみ課税することとされています。

けるる者に交付しなければならない。

PART 1

年末調整で還付が起こるのは

サラリーマンが毎月の給与より天引きされた源泉所得税の１年間の合計と、その人の給与総額に対して計算される年税額は一致しないのがふつうです。この両者で源泉所得税の合計のほうが多ければ、年末調整で税金が戻ってきます。

還付金の発生原因

給与所得の源泉徴収票を原因とする場合

税額表は、年間を通して毎月の給料の額に変動がないものとして簡略化されて作られています。残業が多かった、昇給したなどの理由で、いつも同じ額の給与を受けとっているとは限りません。

年の中途で結婚した場合

年の中途で、結婚して配偶者控除が受けられるようになったとしても、会社はわざわざさかのぼってすでに天引きされた源泉所得税額の修正はしてくれません。また、配偶者特別控除はもともと年末調整のときに控除することになっています。

一定の障害者の場合

本人、配偶者、扶養親族に障害者がいる場合は、控除額が税額表に織り込まれていないので、年末調整時に精算しなければなりません。

基本用語集 扶養親族等の判定時期…各種の所得控除の適用の可否についての所得金

年の中途で
親を養うことに
なった場合

年の中途で、親を引き取って扶養すれば、扶養親族等の数に異動があったことになり、年末調整での還付が生じます。また、老人扶養親族の場合の控除額などは、税額表に織り込まれていないので、年末調整時に精算しなければなりません。

ボーナスの
支給額による
場合

ボーナスの支払いのときに天引きする源泉所得税額は前月分の給料を基にしているため、前月分の給料がたまたま多いと税額も多くなります。

年末調整で
一括控除する
場合

配偶者特別控除、生命保険料控除、地震保険料控除などは毎月の給与の支払いからは控除しないで、年末調整のときに一括して控除することになっています。

年末調整で還付がなく、追徴課税が起きる場合

扶養控除の対象となっていた子どもが就職して、扶養親族の数が少なくなったときや、配偶者に年間に48万円（令和２〈2020〉年より）を超える合計所得金額があって、配偶者控除の適用がなくなった場合などは、年末調整で追徴課税となります。

※配偶者特別控除を受けられる場合があります。

※令和２（2020）年より48万円超。

PART 1

年末調整後に異動があった場合

年末調整の計算締切日が12月20日だとします。すると、クリスマスに結婚したりして控除対象となる配偶者ができても、その控除分の計算は間に合いません。そうした場合は、確定申告を行って、その年の控除を受けるようにします。

年末調整後の異動とは

結婚した場合

たとえ12月31日の日に結婚したとしても、配偶者の合計所得金額が48万円（令和２年より）以下または48万円超133万円以下（令和２年より）で納税者本人が一定の所得の場合であれば、その年１年間さかのぼっての各種所得金額から、配偶者控除または配偶者特別控除が受けられます。

一定の障害者になった場合

年末調整後の12月31日に本人、配偶者、扶養親族が一定の障害者となった場合には、その年の障害者控除が受けられます。

親の面倒を交代でみている場合

兄弟姉妹で交代して親の面倒をみている場合に扶養控除を受けられるのは、12月31日の時点で扶養している人です。その場合、70歳以上の親と同居して扶養しているならば、一般の老人扶養控除48万円にプラスして、同居老親等の10万円が控除されます。

基本用語集 特定扶養親族…扶養控除の対象者のうち、年齢が19歳以上23歳未満の者

年末調整と所得控除

配偶者控除や扶養控除は、その年の12月31日の時点で判断しますので、月数で按分したり夫婦や兄弟間で半分ずつ控除したりはできません。ただし、配偶者や扶養親族が死亡した場合は、判断を12月31日にすることなく、その１年間生存していたものとしてその年の控除が適用できます。

年末調整後の確定申告

年末調整後に結婚した場合は、確定申告をして税金の還付を受けます。この場合、確定申告書には源泉徴収票を添付してください。

また、生命保険料控除や地震保険料控除の申請を忘れていたときは、源泉徴収票とともに生命保険料や地震保険料の控除証明書を添えて税金の還付を受けます。

扶養控除を忘れていても5年間さかのぼって控除が受けられる

年末調整で配偶者控除や扶養控除の適用を受けるのを忘れていても、前年よりさかのぼって５年間のものならば確定申告で取り戻せます。また、生命保険や地震保険料控除などを忘れていた場合も同じです。

を特定扶養親族という。

確定申告とは

確定申告は、１年間（１月１日から12月31日まで）の所得金額から求められる税金を、納税者が自ら計算して納付する制度です。翌年の、原則として２月16日から３月15日までの間に、所轄の税務署に確定申告書として提出します。

サラリーマンと確定申告

サラリーマンの場合は、給与やボーナスを支給される際に所得税を源泉徴収され、年末には年末調整が行われています。つまり、すでに税金が精算されていますので、基本的に確定申告の必要はありません。

しかし、医療費控除や住宅取得等特別控除などの還付を受けるためには、確定申告をする必要があります。この場合、還付申告書の提出は翌年の１月１日から受け付けてくれます。

もっとも、サラリーマンでも自分の会社の給料以外にも所得のある人などは、ふつうの確定申告と同じ時期に行ってください。

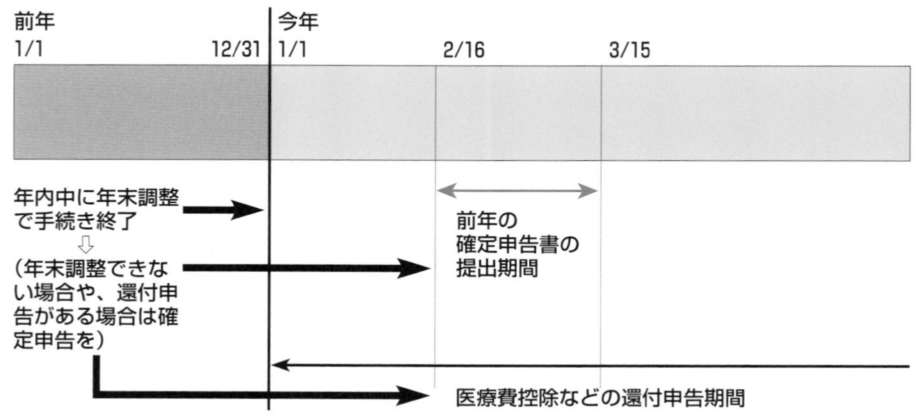

基本用語集 損益通算…一定期間の損失（赤字）と利益（黒字）を一定の順序に従っ

●サラリーマンで確定申告をしなければならない人

1．1か所の会社から給料や賞与の支払いを受けている人で、家賃や原稿料などの給与所得以外の所得が20万円を超える人

2．2か所以上の会社から、給与や賞与の支払いを受けている人

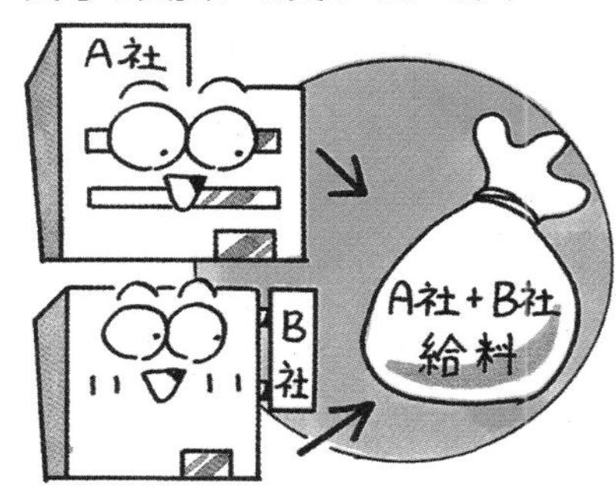

3．その年中に支払いを受ける給与、賞与の収入金額が2,000万円を超える人

4．同族会社の役員などで、そこからの給料のほかに不動産の貸付による家賃収入などがある人

5．災害により被害を受けて、災害減免法の規定により源泉徴収の猶予または還付を受けた人

6．源泉徴収の規定が適用されない給与や賞与の支払いを受けている人

てプラスマイナス（合算）すること。

確定申告をすると

確定申告をすることによって、さらに税金を支払わなければならない人もいますし、戻ってくる人もいます。戻ってくる税金を還付金といい、そのための手続きを還付申告といいます。

●還付申告をしたほうが得な人

1. 一定の新築住宅および既存住宅を取得、増改築したために、住宅ローン控除を受けられる人

2. 一定額（10万円）以上の医療費を支出したために、医療費控除の適用が受けられる人

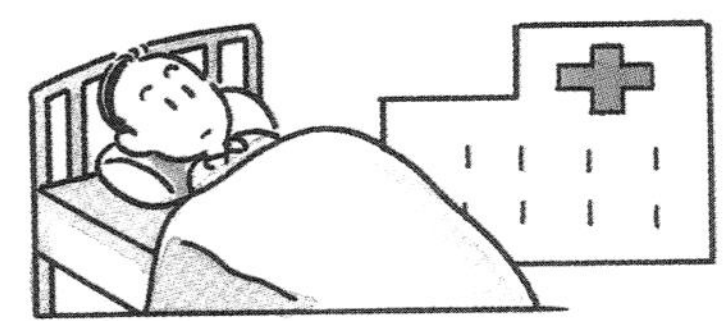

3. 配当所得があるために、配当控除を受けることができる人

4. 特定寄付金（国・地方公共団体・認定NPO法人等に対する寄付など）を支出したために、寄付金控除の適用を受けられる人

5. 災害や盗難または横領により、住宅や家財について損害を受けたために、雑損控除の適用を受けられる人

ONE◆POINT 退職所得のある人の確定申告

退職手当て等の支払いを受け、「退職所得の受給に関する申告書」を提出している人は、源泉徴収によって所得税額の精算が行われているので確定申告の必要はありません。

提出していない人は、20%の源泉徴収が行われたままなので、精算のために確定申告書を提出しなければなりません。

PART 2

サラリーマンの税金

● PART 2

サラリーマンの給与所得

給与所得とは、サラリーマンが勤め先から受け取る毎月の給与や賃金、ボーナスなどのことになります。パートタイマーなどの給料もこれと同様です。また、現物給与も給与所得に含まれます。

給与所得金額の計算

原則として、給与所得には必要経費などの控除はありません。つまり、サラリーマンの場合は、原則としてスーツ代や交際費なども必要経費にはならないのです（特定支出の控除の特例あり）。しかし、それに類するものとして"給与所得控除"という控除枠が設けてあります。事業収入から必要経費を引いたものを事業所得としているのと似ているので、この給与所得控除をサラリーマンの必要経費と呼ぶ人もいるのです。

その給与所得控除額を、１年間の給与収入から差し引いたものが給与所得金額となります。

給与所得金額 ＝ 給与収入 － 給与所得控除額

給与所得の確定時期

給与所得が確定する時期は、契約や慣習により支給日が決まっているときは、その支給日になります。決まっていないものは、その現実の支給日です。

基本用語集 → 必要経費…事業所得等の金額の計算で、総収入金額から差し引くことの

給与所得控除額

給与所得控除額は、下の表のように年間の収入の違いによって、その金額が変わってきます。

給与等の収入金額	給与所得控除額	
	平成29年から令和元年まで	令和２（2020）年から
162.5万円以下	収入金額×40%（65万円に満たない場合は65万円）	55万円
162.5万円超180万円以下		収入金額×40%－10万円
180万円超360万円以下	収入金額×30%＋18万円	収入金額×30%＋8万円
360万円超660万円以下	収入金額×20%＋54万円	収入金額×20%＋44万円
660万円超850万円以下	収入金額×10%＋120万円	収入金額×10%＋110万円
850万円超1,000万円以下		195万円
1,000万円超	220万円	

※所得金額調整控除

次の金額が給与所得の金額から差し引かれる。

（1）子ども・特別障害者等を有する者等の所得金額調整控除

扶養親族や障害者がいる家庭の負担を減らすために税額を調整する措置で、令和2（2020）年から導入された。自身が特別障害者または特別障害者の同一生計配偶者か扶養親族がいる人、または23歳未満の扶養親族がいる人などで、年収850万円超1,000万円以下の人。

控除額＝（給与等の収入金額〈上限1,000万円〉－850万円）×10%（最高15万円）

（2）給与所得と年金所得の双方を有する人に対する所得金額調整控除

給与所得と公的年金等に係る雑所得の金額の合計額が10万円を超えていること

控除額＝（給与所得の金額※＋公的年金等に係る雑所得の金額※）－10万円（最高10万円）

※10万円を超える場合は10万円とする。

ONE◆POINT 特定支出の控除の特例

“給与所得者の特定支出の控除の特例”とは、その年中の特定支出の合計額が給与所得控除額を超えたときに、その超える金額を給与所得控除後の金額から控除できる、というものです。通勤費、転勤に伴う引っ越し費用、研修費、職務上必要な資格を取得するための支出、単身赴任者の往復旅費などが特定支出になります。

また、これら特定支出は、原則として給与の支払い者が証明します。

できる売上原価、給与賃金、租税公課、交際費などのこと。

● PART 2

必要経費として認められるのは

サラリーマンが研修を受けるなどのために特定の費用を支払った場合、その支出の合計額が給与所得控除額を超えるときには、その超える部分をさらに給与所得控除後の金額から控除して、給与所得の金額とすることができます。

給与所得の計算

サラリーマンの必要経費は、所得税法の上では給与所得控除として一律に定められています。しかし、必要経費が給与所得控除の範囲内で収まるとは限りません。税法では、こうした給与所得控除を超えた部分の支出が特定のものにあたる場合には、必要経費と認めています。

原則

給与の総額	－	給与所得控除額	＝	給与所得

特定支出の控除の特例

給与の総額	－（	給与所得控除額	＋	特定支出のうち給与所得控除額の2分の１を超える部分	）＝	給与所得

基本用語集 ➤ 事業所得…農業、漁業、製造業、卸売業、小売業、サービス業などから

特定支出とは

特定支出とは、サラリーマンが支出した以下の費用で、給与の支払い者が証明したものに限られます。また、補助された金額は除きます。

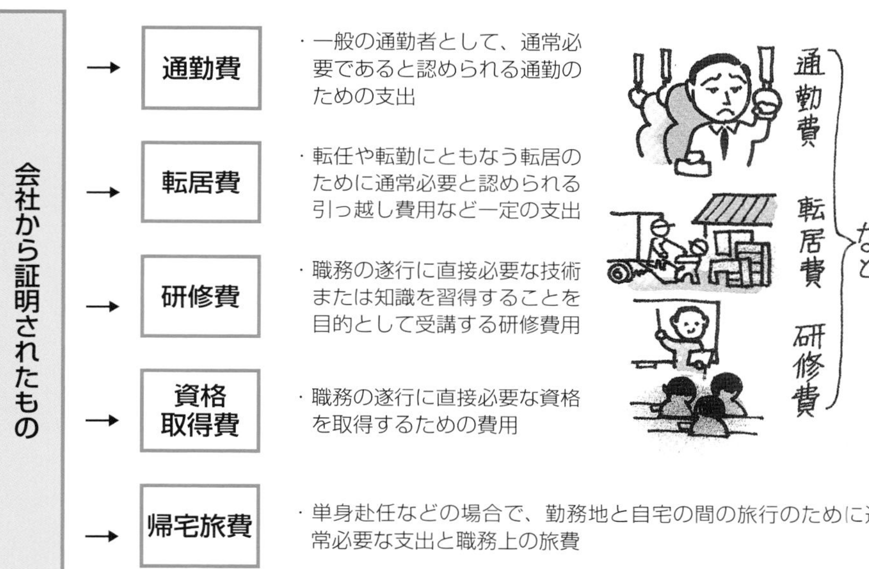

※平成25年から特定支出の範囲が拡大された。
①弁護士、公認会計士、税理士などの資格取得費が認められた。
②「勤務必要経費」(65万円を限度)として、図書費、衣服費、交際費が追加された。

確定申告と特定支出の控除の特例

確定申告書の所定欄に特定支出の合計額を記入して、それに関する明細書と会社からの証明書、支払い事実を証明する領収書を添付します。

特定支出の控除の特例の対象となる人

かつて、サラリーマンの必要経費は、給与所得控除しか認められていませんでした。しかし、特定支出控除の特例が設けられたことで、サラリーマンにとっては税金に関して一歩前進したことになり、平成25年から特定支出の範囲が拡大されたことで、控除される機会が広がりました。

生じる所得。年間総収入から必要経費を控除した金額になる。

特殊な給与の取り扱い（非課税とされる給与）

所得税は、個人のその１年間すべての所得に対して課税されることになっています。しかし、政策上や課税技術上の見地から、通勤手当や福利厚生費などのように、所得税を課さないこととされている所得もあります。

●●● 非課税とされる給与の一覧表

項　　目	課税されない金額
通勤手当	最高限度15万円まで課税なし （１カ月当たりの合理的な運賃の額）
旅　　費	通常必要と認められる　①出張旅費、②転勤・転任などにともなう転居費用は課税なし
福利厚生費	会社が独自に行う福利厚生のための費用と法定福利費がある
宿日直料	１回の宿日直は4,000円まで課税なし ただし、食事付きの場合は食事代を控除する
結婚祝金	社会通念上の金額の範囲内であれば、結婚、出産などの祝金品は課税なし
葬儀料、香典、見舞金	社会通念上の金額の範囲内であれば、葬儀料、香典、見舞金は課税なし
休業補償	労働基準法等の規定による療養の給付や休業補償などについては課税なし

※新型コロナウイルス感染症対応の休業支援金・給付金は課税なし。

基本用語集 → **外形標準課税**…課税する場合、事業所の床面積や従業員数など、客観的

学資金	業務遂行上の必要性、技術の習得などを目的としている場合は課税なし
在外手当	海外勤務地の物価、生活水準、生活環境、為替相場等の状況により、国内勤務地との差額を補う部分は課税なし

※在宅勤務(テレワーク)手当：在宅勤務に通常必要な費用について、実費相当額を精算する場合は課税なし。

合理的な運賃の額とは

合理的な運賃の額とは、その通勤のための運賃や時間、距離などの事情に照らして、もっとも経済的かつ合理的と認められる通常の交通手段を利用した場合にかかるものをいいます。新幹線を利用した場合の特急料金はOKですが、グリーン料金は含まれません。

サラリーマンの通勤手当

サラリーマンが、その通勤に必要な交通機関の利用または交通用具の使用のために支出する費用にあてるものとして、通常の給与に加算して受ける通勤手当のうち、一般の通勤者に通常必要であると認められる部分の金額については、所得税が課税されません。通勤手当には次のようなものが該当します。

通勤のために

自動車、有料道路を利用する人が受ける通勤手当
⇩
ガソリン代、通行料（運賃相当額）

← 通常の勤務の経路および方法による →

電車、バス等を利用する人が受ける通勤用定期乗車券の額

（1カ月15万円を超えるときは15万円）

つまり、自動車通勤の場合には、ガソリン代、通行料といった運賃相当額（通勤距離により金額が規定されている）、電車通勤の場合にはその定期代で、それぞれ１か月15万円以内について、所得税が課税されないということです。

● PART 2

どんどん使っていいの？福利厚生費

「企業は人なり」といいますが、会社で働く社員とすれば給与以外に会社がどれほど面倒をみてくれるかも気になるところです。社員に対する福利厚生は手厚いほどありがたいものですが、度がすぎると給与として課税されます。

福利厚生費とは何か

福利厚生費は大きく２種類に分けられます。

法定福利費―会社負担分の健康保険料、厚生年金保険料、介護保険料、雇用保険料、労災保険料など、法律で加入が定められている、いわゆる社会保険に相当する費用。

法定外福利費―会社が独自に行う福利厚生のための費用。

すなわち、法定外福利費とは、社員の福祉を増進することにより仕事の効率化をはかったり、社員の確保と定着を目的とするものです。

たとえば、会社で一律に支給する制服、残業食事代、社員およびその家族の冠婚葬祭に際し支給する費用など幅広くあります。

また、社内行事として行なわれる新年会、忘年会、運動会、社員旅行などレクリエーションに関する費用も法定外福利費になります。

福利厚生費

【法定福利費】
会社負担分の健康保険料、厚生年金保険料、介護保険料、雇用保険料、労災保険料など

【法定外福利費】
一律に支給する制服、残業食事代、新年会、忘年会、運動会、社員旅行など

基本用語集 → **法人税**…法人の所得に課される税金。各事業年度の益金の額から損金の

給与課税の落とし穴

福利厚生費は会社の経費として処理できますから、社員の希望に応えてどんどん使いたくなります。

しかし、あまり使いすぎると社員に対する給与とみなされて課税されます。すなわち、社員は会社の金で楽しんだあと税金だけ取られるということです。

給与として課税される場合は、会社で定めた基準を超えたり、費用負担が社会常識より著しく高額だったりしたときです。

福利厚生費

会社内で一律に支給
社会常識の範囲内の費用負担

【給与課税】

会社で定めた基準を超過
社会常識より著しく高額

●サークル活動

社員で構成される野球部、書道部といった各種サークル活動のために会社が負担した費用は、福利厚生費として処理できます。この場合、社員共通のものとして支出されたことを記録で明らかにしておく必要があります。

ONE◆POINT 幹事に耳よりな海外への社員旅行

今や海外旅行も年間2,000万人を超える時代、「社員旅行も海外へ」が多くなっています。次の場合には給与として課税することなく、旅費を福利厚生費として処理することが認められています。

① 旅行期間が４泊５日以内（現地滞在日数）であること
② 全社員の50%以上が参加していること

額を控除した所得の金額や清算所得に対しても課される。

PART 2

交際費は会社の経費になるか

大企業が支出する交際費等は、原則経費にはなりません。交際費は無駄遣いとして厳しくチェックされますが、中小企業が支出する交際費等については特例が設けられています。

交際費とは何か

交際費等とは、交際費、接待費、機密費その他の費用をいい、会社が、得意先や仕入先その他、事業に関係のある者等に対する接待、供応、慰安、その他これらに類する行為のために支出するもの（令和６年４月より１人当たり１万円以下の一定の飲食費を除く）をいいます。

交際費になるもの（例示）

- 得意先を接待するための宴会費用
- 接待のためのタクシー、ハイヤー代
- 会社の何周年記念または社屋新築記念に取引先を招待して行う宴会費、交通費、記念品代
- 取引先など、社外の者の慶弔のときに支出する金品
- 取引先を招待して行う旅行などの費用
- 取引先の従業員に対し、取引の謝礼として支出する金品
- 得意先に対して行った景品付販売の景品費用
- ゴルフクラブの入会金を資産計上している場合の年会費、年決めロッカー料
- 社内の一部の者だけで行う忘年会、新年会やゴルフコンペ費用
- 会員として入会した社交団体に支払う入会金、経常経費

基本用語集→ 租税特別措置法…特定の政策目的達成のために、租税の軽減・繰り延べ

●中小企業には税務署も温かい配慮

意外と思うかもしれませんが、一定の飲食費を除いて交際費は会社の経費(損金)にはなりません。

交際費は仕事のうえで欠かすことのできない潤滑油の役目を果たしていることも少なくありませんが、税務署では交際費を経費として認めてくれないということです。

しかし、厳しい競争にさらされている中小企業に配慮して、資本金1億円以下の会社には1年間に一定金額の交際費を認めています。

●交際費が認められる場合①(資本金1億円以下の会社)

資本金の額等が1億円以下の会社が支出する交際費等の額は、飲食のための支出(社内接待費を除く)の50%と定額控除限度額(年800万円)を選択して適用され、それを超える部分の金額は経費にできません。

●交際費が認められる場合②(資本金1億円超100億円以下の会社)

資本金の額等が1億円超100億円以下の会社が支出する交際費等の額については、飲食のための支出(社内接待費を除く)の50%を超える金額は経費にできません。

●交際費が認められない場合

資本金の額等が100億円超の会社が支出する交際費等の額は経費に算入できません。

ONE◆POINT 使い道が明らかでない「使途不明金」とは

会社の営業上、使い道を秘密にしておきたい経費もあります。

費用の内容が明らかでなければ処理の判断のしようがないわけですから、税法上は「使途不明金」を「費途不明金」として、経費処理を認めず課税しています。とくに使途を故意に隠した「使途秘匿金」には、通常の法人税のほかに40%上乗せした制裁課税がなされます。

などの特例措置を規定したもの。

PART 2

副収入があったら

原稿を書いたり講演をしたり、というサイドビジネスをしているサラリーマンもいるかもしれません。会社からもらう給与のほかにこうした副収入があった場合は、雑所得として課税されます。

副収入が20万円を超えている場合

通常、サラリーマンの場合は、税金の計算は給与などから源泉徴収され、しかも年末調整で精算するので、確定申告をする必要はありません。しかし、例外もいくつかあり、そのひとつがサイドビジネスをしているときです。サイドビジネスによる収入（所得）が年に20万円を超えたときは、申告が必要です。

1カ所の会社に勤務しているサラリーマン	＝	年末調整で納税完了	→	確定申告が不要
副収入のあるサラリーマン	＝	副収入の所得金額の合計額が20万円を超える場合	→	確定申告が必要

副収入が20万円を超える場合とは

ここでいう副収入とは、収入金額そのままではなく、収入金額から必要経費を引いた所得金額のことです。

副収入	−	必要経費	＝	所得金額	＞	20万円

※所得金額とは収入金額ではなく、副収入から必要経費を差し引いたものです。

基本用語集 → 一時所得…営利を目的とする継続的行為から生じた所得以外の、一時の

副収入の種類と所得の分類

サイドビジネスといっても、その内容にはいろいろあるでしょう。内容しだいで所得の分類が変わってくるので注意してください。

それぞれの分類によって控除額がいくらあるかなど、所得金額の計算式が変わってくるのです。

勤務先以外の会社からアルバイトなどで給与をもらう場合（2カ所給料の場合）	→	給与所得
原稿料、講演料などをもらう場合やシェアリングエコノミーなどで得られた副収入	→	雑所得
自分の土地・建物など、他人に貸し付けによる賃貸収入がある場合	→	不動産所得

これらの所得の分類のうち、雑所得とは、利子、配当、不動産、事業、給与、退職、山林、譲渡および一時所得のいずれにも該当しない所得のことをいいます。

ONE◆POINT 雑所得か事業所得か？

事業所得と認められるかどうかは、その所得を得るための活動が社会通念上事業と称するに至る程度で行っているかどうかで判定されます。その所得に係る取引を記録した帳簿書類の保存がない場合には、原則として雑所得（業務）になります。また、帳簿書類の保存があったとしても、営利性が認められない場合や収入金額が僅少と認められる場合は、個別に判断することとなります。

所得。たとえば、懸賞の賞金、競馬の馬券の払戻金など。

PART 2

所得控除

所得にかかる税金である所得税は、納税者本人に扶養家族が何人いるか、また病気、災害に遭ったなどの個人的な事情を加味して、税負担を調整することになっています。これを、所得控除といいます。

所得控除のしくみ

収入から経費を引けば“儲け”が出ます。その所得に税金が課せられるわけです。

ところが、世の中には、健康な人もいれば病気がちの人もいます。また、独身者もいれば、親や何人もの子どもを養っている人もいるでしょう。

こうしたさまざまな生活状況を抱える人たちが、一律の税金では負担の度合いに大きな差が生じてしまいます。それを調整するために、所得控除という制度があるのです。

もしも所得控除がなかったら…

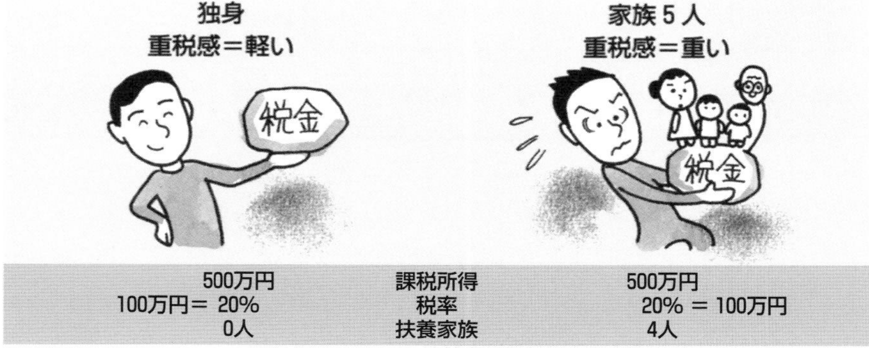

基本用語集 → 直接税…納税義務者と実際に租税を負担する者とが同一人である租税。

●●● 人的控除と物的控除

所得控除は大別すると、納税者本人やその家族など「人」が対象となる“人的控除”と、支払った医療費や社会保険料、災害を受けたときなど、人意外の「物」が対象となる“物的控除”のふたつに分かれます。

●人的控除

人的控除は、納税者本人に対する基礎控除のほか、納税者の家族状況などに応じて税金の負担を調整する役割を果たしています。

配偶者を養っている人には配偶者控除などが、親や16歳以上の子を養っている人には扶養控除が、心身にハンデのある人には障害者控除などがあります。

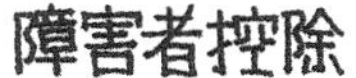

●物的控除

物的控除とは、医療費や社会保険料を支払ったときに受けられるもの、また、家などの生活財産が損害を受けたときにも、適用されます。

所得税の所得控除の種類と対象

	種　類	対　象
基礎的な人的控除	基礎控除※1	令和２（2020）年より本人所得が2,500万円以下の人
	配偶者控除※2	配偶者の所得が一定金額で、本人の所得による
	配偶者特別控除※2	配偶者の所得が一定金額で、本人の所得による
	扶養控除	所得が一定金額以下の満16歳以上の親族等
特殊な人的控除	障害者控除	本人、控除対象配偶者、扶養親族が障害者であるとき
	ひとり親控除・寡婦控除	一定のひとり親（一定のシングルマザー・シングルファーザーを含む）、一定の寡婦
	勤労学生控除	本人が勤労学生で、所得が一定金額以下のとき
社会政策的な控除	医療費控除	本人、配偶者、扶養親族等のために支払った医療費（確定申告が必要）
	社会保険料控除	本人、配偶者、扶養親族の健康保険料、年金（厚生年金、国民年金）の保険料、介護保険の保険料
	小規模企業共済等掛金控除	小規模企業共済法に規定された一定の共済契約に基づく掛金・iDeCo（イデコ）の掛金
	生命保険料控除	本人、配偶者、扶養親族を受取人とした生命保険料および個人年金保険料、平成24年から介護医療保険料が追加された
	地震保険料控除	居住用の家屋、動産などにかけた地震保険料
	寄付金控除	特定寄付金を支払ったとき（確定申告が必要）
	雑損控除	災害、盗難、横領などにより生活用資産などに受けた災害（確定申告が必要）

※1　令和２（2020）年より基礎控除は48万円。ただし、本人の合計所得金額が2,400万円超2,450万円以下の場合は32万円、2,450万円超2,500万円以下の場合は16万円、2,500万円を超えると0円となる。

※2　納税者本人の合計所得金額によって控除額が決まる。➡P.66、P.68

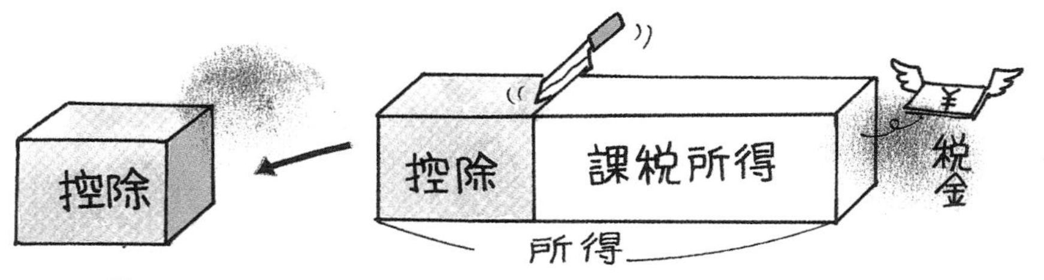

基本用語集 ➜ 間接税…納税義務者と租税を負担する者とが異なる租税。この税金分は

所得税の所得控除額の一覧

	種　類	控　除　額
基礎的な人的控除	基礎控除※1	0 ～ 48万円
	配偶者控除※2	一般控除対象配偶者（70歳未満）0 ～ 38万円 老人控除対象配偶者（70歳以上）0 ～ 48万円
	配偶者特別控除※2	1 ～38万円
	扶養控除	年少扶養親族（ 0 歳～15歳）　0万円 一般扶養親族（16歳～18歳）　38万円 特定扶養親族（19歳～22歳）　63万円 成年扶養親族（23歳～69歳）　38万円 老人扶養親族（70歳～　　）　48万円 ※同居老親等は10万円加算　58万円
特殊な人的控除	障害者控除	1人27万円、特別障害者40万円 ※同居特別障害者加算…配偶者、扶養親族が同居の特別障害者である場合は、特別障害者控除額に35万円を加算する
	ひとり親控除・寡婦控除	一定のひとり親35万円　一定の寡婦は27万円
	勤労学生控除	27万円
社会政策的な控除	医療費控除	（支払い医療費－補填金額）－（10万円と所得の 5 %のどちらか少ない額）
	社会保険料控除	支払った全額
	小規模企業共済等掛金控除	支払った全額　※個人型確定拠出年金→支払った全額
	生命保険料控除	最高12万円 ※平成24年から介護医療保険料控除が創設された。➡ P.82
	地震保険料控除	最高 5 万円
	寄付金控除	（支払額と所得の40%のどちらか少ない額）－ 2 千円
	雑損控除	◎（損失額－所得の10%） ◎（損失額のうち、災害関連支払額－ 5 万円） のどちらか多い額

※1　令和 2 （2020）年より基礎控除は48万円。ただし、本人の合計所得金額が2,400万円超2,450万円以下の場合は32万円、2,450万円超2,500万円以下の場合は16万円、2,500万円を超えると0円となる。

※2　納税者本人の合計所得金額によって控除額が決まる。➡ P.66、P.68

● PART 2

人的異動の有無の判断

人的異動の有無とは、配偶者がいるかどうか、扶養親族がいるかどうか、そしてそれらの人の年齢がいくつであるか、などのことです。その年1年間の状況は、その年の最後の日である12月31日で判断されるので、注意が必要です。

結婚はいつすると得か？

配偶者がいるかどうかの判断は、その年の12月31日でします。つまり、入籍したのが12月31日であっても、その年1年間にさかのぼって結婚していたと判断され、配偶者控除が受けられるわけです。その年のほとんど全部が実際はシングルだったのに、1年間丸々配偶者控除という税的な特典が受けられるのですから、結婚はできるだけ暮れにしたほうが得、といえるかもしれません。もっとも、結婚までパートナーが働いていてそれなりの所得があれば、配偶者控除や配偶者特別控除の対象外となることを覚えておきましょう。

※配偶者控除、配偶者特別控除ともに、平成30年から納税者本人の所得区分による。

離婚を考えている場合

離婚をするのに、適切な時期はあるのでしょうか？

すでに述べたように、配偶者がいるかどうかの判断は、その年の12月31日でします。

つまり、暮れに離婚の手続きを取ってしまうと、その年1年間にさかのぼ

基本用語集 → 白色申告…青色申告に対する用語。青色申告の特典のないかわりに簡易

って結婚していなかった、と判断されてしまうのです。

その年の税金を源泉徴収ですでに納めているとすると、その税額は配偶者控除などを受けた少ない額でしかありません。しかし、離婚によってその控除の対象からはずされますので、さらに納税する義務が生じてしまうのです。

暮れの離婚は、税の追加徴収というさらなるダメージを受けることになります。できれば、離婚の手続きは年が明けてからしたほうが、税的な面からいえば得といえるでしょう。

早生まれはソン？

配偶者控除や扶養控除は、その対象になる人が高齢者（70歳以上）であれば、控除額が増える仕組みになっています。これの判定も12月31日なのです。ですから、早生まれの人は同級生がこれらの有利な控除を受けられるようになっても、１年間待たされることになります。その意味では、早生まれはソン、といえるかもしれません。

ONE◆POINT 生計を一にする、とは

日常生活の資を共にしていることをいいますが、必ずしも同居を条件としているわけではありません。就学や単身赴任などで別居の状態であっても、日常の生活費が送金などによりまかなわれていれば、生計を一にしていることとされます。逆に同居していても、独立した収入により生活している場合は、生計を一にしているとはされません。

な記帳方法によることができる。

PART 2

配偶者控除

家庭の主婦が働いて収入があった場合、その金額に応じて夫の所得に控除があります。この制度は、配偶者控除と配偶者特別控除といいますが、その対象には籍に入っていないいわゆる内縁関係にある配偶者は含まれません。

配偶者控除

配偶者控除とは、基本的に配偶者に収入がないことが前提になります。しかし、現実にはまったく収入のない主婦なり主夫はほとんどいないでしょう。

そこで、実情に合わせて合計所得金額が48万円以下（平成30年より納税者本人の合計所得金額が1,000万円を超えると適用がなくなります）なら控除対象配偶者として認められています。もっとも、それには以下の要件をすべて満たしていなければなりません。

- 納税者の配偶者で生計を一にする人
- 配偶者の年間合計所得金額が48万円（パートの場合は、給与収入より給与所得控除額を引いた金額）以下である人
- 青色事業専従者、事業専従者でない人

配偶者控除の見直し

平成30年分より、控除対象配偶者（70歳未満）または老人控除対象配偶者（70歳以上）のいる納税者本人（例えば夫）について適用される配偶者控除の額は下記の通りとなります。

基本用語集 → 青色申告…事業所得、山林所得、不動産所得による所得がある個人事業なお、合計所得金額が1,000万円を超える納税者については、配偶者控除の適用はありません。

<table>
<tr><th rowspan="2">納税者本人の合計所得金額</th><th colspan="2">配偶者控除額（平成29年まで）</th><th colspan="2">配偶者控除額（平成30年より）</th></tr>
<tr><th>控除対象配偶者（70歳未満）</th><th>老人控除対象配偶者（70歳以上）</th><th>控除対象配偶者（70歳未満）</th><th>老人控除対象配偶者（70歳以上）</th></tr>
<tr><td>900万円以下</td><td rowspan="4">38万円</td><td rowspan="4">48万円</td><td>38万円</td><td>48万円</td></tr>
<tr><td>900万円超
950万円以下</td><td>26万円</td><td>32万円</td></tr>
<tr><td>950万円超
1,000万円以下</td><td>13万円</td><td>16万円</td></tr>
<tr><td>1,000万円超</td><td>適用なし</td><td>適用なし</td></tr>
</table>

配偶者控除額

- 70歳未満の配偶者……0 ～ 38万円
  （控除対象配偶者）
- 70歳以上の配偶者……0 ～ 48万円
  （老人控除対象配偶者）

- 平成30年より納税者本人の合計所得金額によって控除額が決まる。

ONE ◆ POINT 合計所得金額の求め方

1. まず、下記の（1）と（2）を合計します。
   （1）事業所得、不動産所得、利子所得、給与所得、総合課税の配当所得・短期譲渡所得および雑所得の合計額（損益通算後の金額）
   （2）総合課税の長期譲渡所得と一時所得の合計額（損益通算後の金額）の2分の1の金額
2. 上記1に退職所得金額、山林所得金額を加算します。
3. 申告分離課税の所得があるときには、特別控除前の所得金額の合計額を上記2に加算します。
4. 繰越控除を受けているときは、その適用前の金額となります。

者に適用される。税務計算上、多くの特典が受けられる。

● PART 2

配偶者特別控除

配偶者控除とは、所得の条件を満たしていれば一定の控除が受けられますが、所得の多寡に応じて控除額が上下する配偶者特別控除もあります。なお、合計所得金額が1,000万円を超える納税者本人には適用はありません。

配偶者特別控除のシステム

配偶者控除の場合、配偶者の合計所得金額が48万円（給与所得控除額55万円を含む年収では103万円）を1円でも超えてしまうと、いきなり控除額が0円になってしまいます。これを改めて、配偶者の収入増に合わせて徐々に控除額が減るように、配偶者特別控除制度が設けられました。配偶者特別控除は、配偶者控除が適用されなくなる103万円を超える収入の配偶者について約201万円以下の収入まで段階的に所得から控除されます。

適用の条件

・納税者の配偶者で生計を一にする人
・配偶者の年間合計所得金額（年収より給与所得控除額55万円を引いた金額）が48万円超133万円以下、給与収入では103万円超約201万円以下である人
・青色事業専従者、事業専従者でない人
・納税者本人の年間の合計所得金額が1,000万円以下であること（年収より給与所得控除を引いた金額だが、その額は年収の多寡により変動）

控除額は、合計所得金額により変わってきます。

配偶者特別控除の見直し

令和2（2020）年分より、配偶者特別控除の対象となる配偶者の合計所得

青色事業専従者…青色申告納税者と生計を共にする配偶者や親族で、専

金額は48万円超133万円以下（従前：38万円超123万円以下）とし、控除額は納税者本人（例えば夫）の所得区分となりました。ただし、合計所得金額が1,000万円を超える納税者については、配偶者特別控除の適用はありません。

配偶者の合計所得金額	納税者本人の合計所得金額（令和２年分以降）		
	900万円以下	900万円超 950万円以下	950万円超 1,000万円以下
48万円超　95万円以下	38万円	26万円	13万円
95万円超　100万円以下	36万円	24万円	12万円
100万円超　105万円以下	31万円	21万円	11万円
105万円超　110万円以下	26万円	18万円	9万円
110万円超　115万円以下	21万円	14万円	7万円
115万円超　120万円以下	16万円	11万円	6万円
120万円超　125万円以下	11万円	8万円	4万円
125万円超　130万円以下	6万円	4万円	2万円
130万円超　133万円以下	3万円	2万円	1万円
133万円超	適用なし		

●給与収入と給与所得の関係

給与所得とは、仕事をして得た給与収入より給与所得控除額を引いた額のことです。給与所得控除とは、原則として必要経費のない給与所得者において、法律によって控除額が決められたものです。

・配偶者控除※は、配偶者の年収が103万円まで

給与所得金額48万円 ＝ パート収入103万円 － 給与所得控除55万円

・配偶者特別控除※は、配偶者の年収が103万円を超えて約201万円以下まで

給与所得金額約133万円 ＝ パート収入約201万円 － 給与所得控除約68.3万円

※配偶者控除、配偶者特別控除ともに控除額は平成30年より納税者本人の所得区分による。
※収入が給与収入しかない場合は給与所得＝合計所得金額となる。

らその事業に従事する者。たとえば、家族従業員など。

PART 2

パートタイマーはいくらまで稼ぐのが得か

少しでも家計の足しにしようと働くパートタイマーによる所得についても、金額の多寡によっては所得税が課税されることとなり、かえって家計を圧迫することもあるかもしれません。では、パートタイマーによる所得はいくらがいいのでしょう。

パート収入があるときの税金の問題点

パート収入があるときの税金の問題点は二つあります。一つは、妻のパート収入がいくらまでならば、妻自身に所得税がかからないかということ。もう一つは、妻のパート収入がいくらまでならば夫の控除対象配偶者になれるかということです。

その答えは、

年間103万円以下 → 妻自身に所得税がかからない
かつ
→ 夫が配偶者控除を受けられる

●パートタイマーによる収入は年間103万円まで無税

妻のパートタイマーによる所得は、一般のサラリーマンの給料と同じように給与所得になります。

給与所得の金額は、給与収入から給与所得控除額を差し引いて計算し、給与所得控除額は、最低55万円（令和元〈2019〉年までは65万円）です。つまり、パート収入が103万円の場合には、給与所得の金額は48万円（令和元〈2019〉年までは38万円）となります。ところで、所得のある人には48万円（令和元〈2019〉年までは38万円）の基礎控除があります。したがって、パート収入が103万円以下であればその妻には所得税はかからないことになります。

基本用語集 → 申告納税制度…納税者本人の申告によって、納付すべき税額を確定する

パート収入	基礎控除 48万円	＋	給与所得控除 55万円	＝ 103万円	⇨ 無税

配偶者控除の適用の可否

パートによる収入が103万円以下の場合には、その妻にも税金がかかりませんし、かつ、配偶者控除※の適用があれば、夫の所得税も安くなるのです。

パート収入が103万円以下というのは、このような理由によるものです。

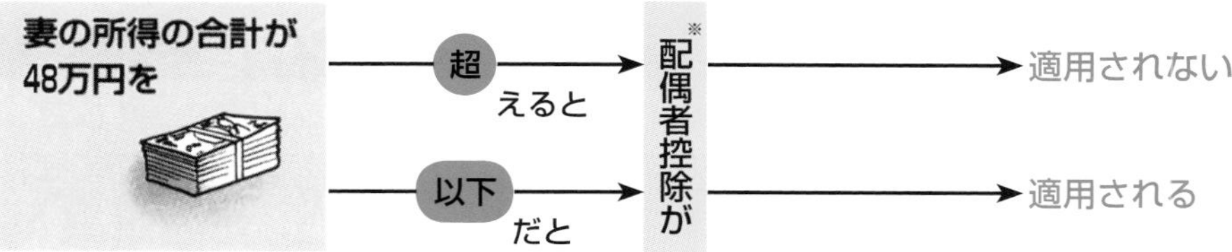

※配偶者控除の額は平成30年より夫（納税者本人）の所得区分による。

事例　配偶者のアルバイトの収入が80万円あり、配偶者控除の対象としていました。ところが、本年は生命保険金の満期金による一時所得が70万円（特別控除前）ありますが、配偶者控除の対象となりますか。

この場合、配偶者の所得が、控除対象配偶者の所得限度額以下であれば、配偶者控除の適用が受けられます。配偶者控除の対象とされる控除対象配偶者とは、合計所得金額が48万円以下の人をいいます。

そこで、合計所得金額が48万円以下であるかどうか計算しますと、

①給与所得の金額＝収入金額 80万円－給与所得控除額 55万円＝25万円

②一時所得の金額＝ 70万円 － 特別控除額 50万円 ＝20万円

③合計所得金額 ＝給与所得に係る部分 25万円＋一時所得に係る部分 20万円×$\frac{1}{2}$＝35万円

となり、配偶者控除の適用を受けられることになります。※

※配偶者控除の適用金額は平成30年より納税者本人の所得区分による。

ことを原則とする納税制度。

PART 2

扶養控除とは

だれしも家族がいれば、その面倒をみなければなりません。ですから、それだけ独身者よりも生活費の負担が多くなります。税法ではこれを考慮し、家族の人数に応じた税負担の軽減がはかられています。

控除の対象となる扶養親族の範囲

扶養親族とは、次の条件をすべて満たしていなければなりません。そして、その親族がいるかいないかは、毎年の12月31日をもって判定します。

- 納税者の扶養親族で生計を一にする人
- 年間の合計所得金額が48万円以下の人
- 青色事業専従者、事業専従者でない人
- 他の人の扶養親族、控除対象配偶者になっていない人

●生計を一にするとは

原則として、扶養親族とは同居していることが条件となります。しかし、単身赴任している父親や、地方の大学に通っている子どもなどは、生活費の送金が行われ、休みのときにはともに過ごしているので、扶養親族に含まれます。家族のだれかが病気で転地療養している場合なども同様です。

扶養控除額

扶養控除の額は、被扶養親族の年齢によって異なります。納税者かその配偶者の直系尊属（親）で、同居している70歳以上の扶養親族を同居老親等といいます。

子ども手当の創設により、平成23年から年少扶養控除（満16歳未満）が廃止され、子ども手当の名称は、平成24年度から児童手当となりました。そして、児童手当の支給額は令和６（2024）年10月から所得制限が撤廃され、３歳未満

基本用語集 → 児童手当…高校生以下の子どもがいる世帯に支給される手当。支給額は３歳未

（第１子・第２子）が月１万5,000円、第３子以降は月３万円。３歳から高校生（第１子・第２子）は月１万円、第３子以降は月３万円となります。

また、高校授業料の実質無償化の実施によって、16歳以上19歳未満の扶養親族について上乗せされていた25万円分の扶養控除の上乗せ分も平成23年から廃止されました。

区分		平成22年まで	平成23年から
扶養親族	年齢		
年少扶養親族	満15歳以下	38万円 ➡	0円
一般扶養親族	16歳以上18歳以下	63万円 ➡	38万円
特定扶養親族	19歳以上22歳以下	63万円	63万円
成年扶養親族	23歳以上69歳以下	38万円	38万円
老人扶養親族※	70歳以上	48万円	48万円

※同居老親等は10万円加算。なお、同居老親等とは、老人扶養親族のうち納税者またはその配偶者の直系の尊属（父母・祖父母など）で、納税者またはその配偶者とふだん同居している人をいいます。

ONE◆POINT

国外居住親族に係る扶養控除の見直し（令和５年より）

国際化が進むなか、海外で暮らしている人を扶養しているケースも増えています。

この場合、海外にいる人の所得要件（48万円未満）は国内源泉所得のみで判定されるために、国外で一定以上の所得を稼得している国外居住親族でも扶養控除の対象にされているとの指摘がありました。

これをふまえ、令和５（2023）年分から、16歳以上の留学生や障害者、送金関係書類において38万円以上の送金等が確認できる者を除く30歳以上70歳未満の成人については、扶養控除の対象にしないこととなります。

満が月１万5,000円、第３子以降は月３万円。３歳から高校生は月１万円、第３子以降は月３万円。

PART 2

勤労学生控除

最近では、大学生に限らず高校生でもアルバイトをするのが当たり前です。アルバイトの収入も、サラリーマンと同じように税金が課されます。しかし、一定の条件を満たした学生（勤労学生）については、特別な所得控除が設けられています。

勤労学生の条件

以下に挙げる学校の学生や生徒であることが条件です。

- 学校教育法第１条に規定する学校の学生または生徒
- 国や地方公共団体、または学校法人等の設置した専修学校または各種学校の生徒
- 職業訓練法人の行う認定職業訓練を受ける人で、一定の条件に合致した人

勤労学生控除額

勤労学生であれば、アルバイトなどの収入に対して一定の条件のもとで所得控除されます。

- 学生本人のアルバイトなどの勤労による所得であること
- 合計所得金額が75万円以下（実際の収入金額は130万円以下ということ。ここから給与所得控除額55万円を引いた金額）
- 不動産所得など給与所得以外の所得が10万円以下

勤労学生控除額 ＝ 27万円

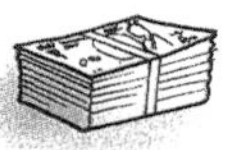

判定の時期

その人が勤労学生にあたるかどうかは、その年の12月31日の時点で上記の条件にそっていれば、そう判定されます。

基本用語集 勤労学生控除…所得控除の一つ。所得税法上の勤労学生に該当する場合、

税金が課税されない範囲

アルバイト収入をいくらまでに抑えておけば、税金（所得税）を払わないですむのでしょうか？

まず、アルバイトは給与ですから、給与所得控除が55万円あります。その他、当然あるのがすべての人に適用される基礎控除の48万円です。そして、この勤労学生控除が27万円あるので、すべてを合計すると130万円になります。つまり、アルバイト収入が130万円に満たなければ、所得税がかからないことになります。

税金を倹約したければ、このラインを守るようにしましょう。

扶養控除との関係

アルバイトしている学生本人が自分の収入から勤労学生控除を引けるのは、給与収入が130万円以下の場合までです。

一方、そのアルバイトをしている人を養っている親などが、扶養控除を受けるためには、そのアルバイト収入が103万円以下でなければなりません。

したがって、問題になるのはアルバイト収入が103万円を超え、130万円以下の場合です。この範囲の収入だと勤労学生控除が適用になり、勤労学生自身には所得税はかかりませんが、扶養する親にとっては扶養控除が適用されません。

ONE◆POINT 確定申告と勤労学生控除

勤労学生控除を受けるために確定申告をする場合は、通っている学校が発行した証明書を確定申告書に添付します。

しかし、給与所得者の場合は、年末調整時に精算できます。

その年分の各種所得の金額から一定額の控除が行われる。

障害者控除

納税者本人が障害者である場合には、障害者控除の適用があります。また、扶養親族や控除対象配偶者（配偶者控除を受けることができる配偶者、つまり内縁関係ではない配偶者）が障害者のときも同様です。

障害者控除とは

障害者に対してはその税負担を軽減するために、特別な控除枠を設けています。控除額は、障害者１人に対して27万円です。また、さらに症状の重い特別障害者である場合には40万円の控除があります。

障害者の例示

障害者控除の対象になる障害者とは、下記のいずれかに該当する、精神や身体に障害のある人をいいます。

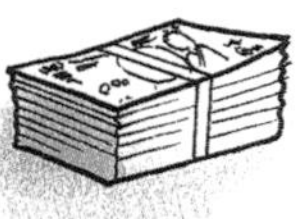

・身体障害者手帳や療育手帳※、戦傷病者手帳、精神障害者保健福祉手帳の発行を受けている人 ※「療育手帳」は、「愛護手帳」、「愛の手帳」や「みどりの手帳」など各自治体によって別の名称で呼ばれていることがあります。
・精神保健指定医などにより知的障害者と判定された人
・65歳以上の人で障害の程度が障害者に準ずるものとして市町村長等の認定を受けている人　など

基本用語集 → 障害者控除…納税者自身が障害者の場合および配偶者または扶養親族が

特別障害者の例示

特別障害者として控除される障害者とは、障害者のうち、下記の特に重度の障害のある人をいいます。

- 身体障害者手帳に身体上の障害の程度が一級または二級と記載されている人
- 療育手帳に障害の程度が重度としてAなどと表示されている人
- 精神障害者保健福祉手帳に障害等級が一級と記載されている人
- 重度の知的障害者と判定された人
- いつも病床にいて、複雑な介護を受けなければならない人　など

判定の時期

その年の12月31日の時点で、障害者または特別障害者であるかどうかを判定します。

障害者控除額

一般障害者 ＝ 27万円

特別障害者 ＝ 40万円

確定申告と障害者控除

確定申告時に、特に提出する資料はありません。

ONE◆POINT 同居している特別障害者の特例

同居している扶養親族や控除対象配偶者が特別障害者である場合に、扶養控除、配偶者控除の額に35万円の控除を加算する措置について、年少扶養控除（満16歳未満）が平成23年から廃止されたことに伴い、特別障害者控除額40万円に35万円を加算する特例が設けられています。

PART 2

ひとり親控除・寡婦控除

すべてのひとり親家庭に対して公平な税制支援を行う観点から、婚姻歴の有無や性別にかかわらず、所得控除としてひとり親控除制度が設けられ、一定の寡婦については引き続き寡婦控除が継続されることになりました。

ひとり親を支援

令和２（2020）年からは、すべてのひとり親家庭に公平な税制支援を行う観点から、ひとり親控除・寡婦控除の対象や要件は以下のようになりました。

- 婚姻歴や性別にかかわらず生計を同じくする子（総所得金額が48万円以下）のある単身者（合計所得金額が500万円以下）について、同一の「ひとり親控除」（控除額35万円）を適用する
- 上記以外の寡婦については、引き続き寡婦控除として、控除額27万円を適用することとし、子以外の扶養親族を持つ寡婦についても、所得制限（合計所得金額が500万円以下）が設けられました。
- なお、ひとり親控除、寡婦控除のいずれについても、住民票の続柄に「夫（未届）」「妻（未届）」の記載がある者は対象外となります。

ひとり親控除・寡婦控除額

ひとり親 ＝ 35万円

一定の寡婦 ＝ 27万円

判定の時期

その年の12月31日の時点で判定します。当然のことながら、その関係が事実婚や内縁関係であった場合はその適用はなされません。また、結婚の回数

基本用語集 目的税…最初から特定経費にあてるために課せられる税金。電源開発促進

は関係ありません。

寡婦控除、寡夫控除の見直しとひとり親控除

●寡婦控除（本人が女性、特定寡婦35万円・寡婦27万円）

令和元年まで

配偶関係			死別・生死不明		離　婚	
本人所得			～500万円	500万円超	～500万円	500万円超
扶養家族	あり	子	35万円	27万円	35万円	27万円
		子以外	27万円	27万円	27万円	27万円
	なし		27万円	－	－	－

令和２（2020）年より（ひとり親控除35万円・寡婦控除27万円）

配偶関係			死別・生死不明		離　婚		未婚のひとり親
本人所得			～500万円	500万円超	～500万円	500万円超	～500万円
扶養家族	あり	子	35万円	－	35万円	－	35万円
		子以外	27万円	－	27万円	－	－
	なし		27万円	－	－	－	－

●寡夫控除（本人が男性、寡夫控除27万円）

令和元年まで

配偶関係			死別・生死不明		離　婚	
本人所得			～500万円	500万円超	～500万円	500万円超
扶養家族	あり	子	27万円	－	27万円	－
		子以外	－	－	－	－
	なし		－	－	－	－

令和２（2020）年より（ひとり親控除35万円）

配偶関係			死別・生死不明		離　婚		未婚のひとり親
本人所得			～500万円	500万円超	～500万円	500万円超	～500万円
扶養家族	あり	子	35万円	－	35万円	－	35万円
		子以外	－	－	－	－	－
	なし		－	－	－	－	－

税、狩猟税、入湯税等がある。

社会保険料控除

日本の福祉政策の一環として設けられているのが、健康保険や年金などの社会保険制度です。その費用は、国民自身が1人ひとり負担することになっていますが、その保険料の全額を所得から控除することができます。

社会保険料の範囲

健康保険関係	健康保険料 国民健康保険料 国家・地方公務員共済組合掛金など 介護保険料 後期高齢者医療保険料
年金関係	厚生年金保険料、厚生年金基金掛金 国民年金保険料、国民年金基金掛金 国家・地方公務員共済組合掛金など 確定拠出年金
労働保険関係	雇用保険料 労災保険の特別加入保険料

社会保険料控除額

生計を一にする配偶者や扶養親族が負担する保険料（子どもの国民年金など）を支払ったり、給与から控除される場合には、その全額を納税者本人の各種所得金額より控除することができます。

また、国民年金などはその年度のはじめに1年分以内のものであれば前納も可能です。そうした前納したものについては、その全額を支払った年の保険料として考えます。

基本用語集 → 社会保険料控除…所得控除の一種。控除の額は、納税者自身または生計その他、過去の未払いの保険料をまとめて払うこともあるでしょう。それも、払った年にその全額を控除の対象としてみてください。

社会保険料控除額	＝	1年間に支払った、または給与から差し引かれた社会保険料の全額

●●・確定申告と社会保険料控除

国民年金保険料、国民年金基金掛金の証明書は確定申告書に添付します。

●●・小規模企業共済等掛金控除

サラリーマンに退職金制度があるのと同じように、自営業者などには“小規模企業共済”というものがあります。一定の加入要件を満たした人などが掛け金を支払っていれば、退職金のようなものがもらえるわけです。

この掛け金も、社会保険料と同じように全額を控除できます。支払っているのならば、確定申告が必要です。

●●・小規模企業共済の加入資格

・常時使用する従業員の数が20人以下の建設業、製造業、運輸業、不動産業等の個人事業主と共同経営者、または会社の役員（ただし商業、サービス業は従業員5人以下に限る）

・事業に従事する組合員の数が20人以下の企業組合の役員
・常時使用する従業員の数が20人以下の企業組合の役員

●●・個人型確定拠出年金 iDeCo（イデコ）

個人型確定拠出年金（iDeCo）は、月々の掛け金を拠出し、あらかじめ用意された金融商品で運用し、原則として60歳以上に年金または一時金で受け取るものです。

ただし、原則として60歳になるまで引き出すことはできません。毎月拠出する掛け金は所得控除の対象となり、受け取るときは公的年金等控除または退職所得控除の対象となります。

を共にする親族が負担すべき社会保険料の支払いに限定される。

● PART 2

生命保険料控除

いわゆるふつうの生命保険や個人年金保険を契約して、その保険料を支払った場合には、生命保険料控除の適用が受けられます。ただし社会保険料の控除とは異なり、保険料全額ではなく、年間12万円が上限です。

生命保険、個人年金保険、介護医療保険とは

一般の生命保険会社との契約や、農協との生命共済契約などにより、死亡時や満期時に保険金が支払われるものを生命保険といいます。

控除を受けるためには、保険金の受取人のすべてが契約者本人または本人の配偶者、親族となっていることが必要です。

一方、個人年金保険は、老後の生活保障などのために、個人単位で契約するものです。個人年金保険については、保険会社から送られてくる生命保険料控除証明書に、個人年金用と記載されているので、わかります。

年金保険という名称だけでは一般の生命保険の場合もあるので、注意してください。

また、介護医療保険は、介護の保障や医療の保障を行う保険（主責任）です。

基本用語集 → 生命保険料控除…所得控除の一つ。支払った自分または配偶者その他の

生命保険料控除額

支払った保険料の区分	支払った保険料の金額	生命保険料控除額
①新たな生命保険料控除額（平成24年〈2012〉から契約） ・一般生命保険料 ・個人年金保険料 ・介護医療保険料	20,000円以下の場合	支払った生命保険料の全額
	20,000円を超え40,000円以下の場合	支払った保険料の金額×$\frac{1}{2}$＋ 10,000円の合計額
	40,000円を超え80,000円以下の場合	支払った保険料の金額×$\frac{1}{4}$＋ 20,000円の合計額
	80,000円を超える場合	40,000円
②従来からの生命保険料控除額 ・一般生命保険料 ・個人年金保険料	25,000円以下の場合	支払った生命保険料の全額
	25,000円を超え50,000円以下の場合	支払った保険料の金額×$\frac{1}{2}$＋ 12,500円の合計額
	50,000円を超え100,000円以下の場合	支払った保険料の金額×$\frac{1}{4}$＋ 25,000円の合計額
	100,000円を超える場合	50,000円

サラリーマンの場合、この表の①②の計算式で求められた控除額を給与所得者の保険料控除申告書の所定欄に記入のうえ、その年最後の給与の支払いを受ける前に会社に提出して、年末調整の際に控除を受けます。なお、平成24年から介護医療保険料控除が創設され、控除額が変わりました。

対象とならないもの

・保険金の受取人が、契約者本人か、本人の配偶者、親族以外になっているもの

・保険期間が5年未満の貯蓄保険

支払った（控除対象の）保険料の金額

対象となる保険料は、年末までに実際に払ったものです。また、何年分かを前納した場合でも、その年1年分の保険料が対象になります。

支払った生命保険料、個人年金保険料、介護医療保険料の金額	＝	契約上の保険料の合計額	−	余剰金または割り戻金の合計額

確定申告と生命保険料控除

年末調整に間に合わず確定申告で控除を受ける場合は、申告書に、生命保険料控除証明書を添付します。ただし、保険料が年間9,000円以下のものは添付の必要はありません。この生命保険料控除証明書は、秋から年末にかけて保険会社から送られてきます。

ONE◆POINT 介護医療保険料控除の創設

平成24（2012）年から契約する生命保険については、一般生命保険料控除、個人年金保険料控除と、新たに介護医療保険料控除が設けられ、最大控除額は12万円（従来は10万円）になりました。

	平成23（2011）年まで	平成24（2012）年から
一般生命保険料控除額	最高5万円	最高4万円
個人年金保険料控除額	最高5万円	最高4万円
介護医療保険料控除額	−	最高4万円

基本用語集 国民健康保険税…市町村が国民健康保険に必要な費用にあてるため、国

地震保険料控除

火災保険や医療保険、傷害保険などの損害保険料を支払った場合に認められていた「損害保険料控除」が見直され、「地震保険料控除」が適用されています。

地震保険料控除

平成18（2006）年度の税制改正により、従来の損害保険料控除が見直され、最高５万円の地震保険料控除が創設されました。阪神淡路大地震や新潟中越地震などを契機として注目されている地震保険の加入促進を意図したもので、平成19（2007）年分の所得税から適用されています。

地震保険料控除	＝	支払地震保険料の全額（ただし最高限度額50,000円）

地震保険料控除のポイント

①居住用家屋・生活用動産を保険または共済の目的としていて、かつ、地震等を原因とする火災等で被った損害に係る地震等相当部分の保険料または掛金の全額がその年分の総所得金額等から控除されます。ただし、最高50,000円までです。なお、住民税については、支払保険料の２分の１相当額（最高25,000円）が控除されます。

②経過措置として、平成18（2006）年12月31日までに締結した長期損害保険契約等（上記①の適用を受けるものは除く）に係る保険料等については、従来どおり最高15,000円の損害保険料控除が適用されます。

③上記①と②の両方を適用する場合には、合わせて最高50,000円が控除されます。②の損害保険料控除額が最高の15,000円の場合、①の地震保険料控除の額は最高35,000円となります。

民健康保険の被保険者である世帯主に対して課す地方税である。

損害保険料控除額

地震保険料控除の創設により、経過措置として認められる長期損害保険料の控除額は、以下の計算式にあてはめて、控除額を算出します。

経過措置として認められる長期損害保険とは、その保険期間が10年以上で、しかも満期時に満期返戻金のあるもので、平成18年12月31日までに長期契約済となったものをいいます。

支払った損害保険料の金額	＝	契約上の保険料の合計額	－	余剰金または割り戻金の合計額

長期損害保険契約に係るもの		
支払い損害保険料	10,000円以下の場合	支払った損害保険料の金額の全額
	10,000円を超え20,000円以下の場合	支払った損害保険料の金額の合計額 $\times \frac{1}{2}$ ＋ 5,000円
	20,000円を超える場合	15,000円

※長期か短期かの区別は、保険期間が10年以上で満期時に満期返戻金の支払いがあるものが長期損害保険契約です。それ以外は短期損害保険契約となります。
保険契約はいずれも本人とその家族を対象とします。
①住宅、家財などの生活用資産に係る損害保険契約
②傷害保険契約
③医療保険契約

ONE◆POINT 地震保険料控除と損害保険料控除

平成19年分以後の所得税について地震保険料控除が適用されたことで、従来の火災保険料などに適用されていた損害保険料控除は見直しされました。これには経過措置が設けられ、平成18年12月31日までに長期契約済となった火災保険などは、平成19年分以降も損害保険料控除を使うことができます。ただし、その場合には地震保険料控除の上限額が損害保険料控除の金額分カットされることになり、地震保険料控除と損害保険料控除を合わせた所得金額の控除額は最高50,000円です。

過少申告加算税…期限内に提出した申告書の税額が過少であった場合に

寄付金控除

慈善の気持ちの表れである寄付の心に応えるため、税法では寄付金控除という特例を設けています。しかし、寄付であれば何でもOKというわけではなく、特定の個人や私的な団体だけに利益が及ばないよう考えなければなりません。

寄付金控除の対象となるもの

寄付金控除で控除される寄付金は、以下のように限定されています。これを特定寄付金といいます。

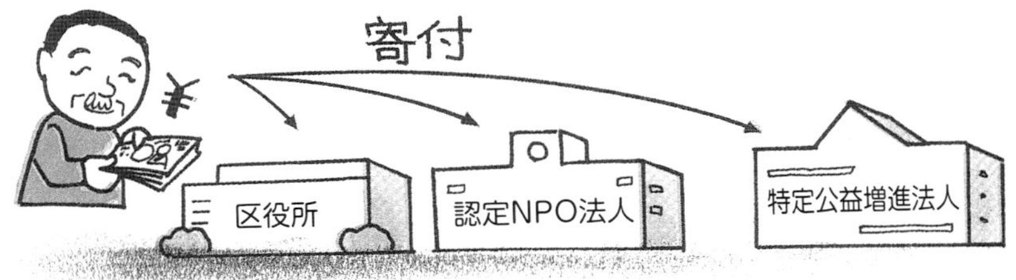

①国または地方公共団体に対する寄付金

②指定寄付金

公益社団法人、公益財団法人、その他公益を目的とする事業を行う法人・団体に対する寄付金で、広く一般に募集されかつ公益性と緊急性が高いと、財務大臣が認定したもの

③特定公益増進法人に対する寄付金

公共法人等のうち、教育、または科学の振興、文化の向上、社会福祉への貢献その他公益の増進に著しく寄与する、と認められた特定公益増進法人に対する寄付金で、その法人の主たる目的である業務に関連するもの

④特定公益信託の信託財産とするために支出した金銭

主務大臣の証明を受けた特定公益信託のうち、その目的が教育、または科学の振興や文化の向上、社会福祉への貢献その他公益の増進に著しく寄与する、と認められる一

定の公益信託の信託財産とするために支出した金銭

⑤政治活動に関する寄付金

個人が支出した政治活動に関する寄付金のうち、その対象が以下のものであるもの
政党、政治資金団体、その他の政治団体で一定のものなど

⑥認定NPO法人等に対する寄付金

認定NPO法人等とは、所轄庁（都道府県知事または政令指定都市の長）の認定を受けたもの

寄付金控除額の計算方法

特定寄付金に該当する寄付をしたとしても、そのすべての金額が所得控除の対象になるわけではありません。その上限は、その年の所得金額の40パーセントと決められていて、その控除額の求め方は、次の式の通りです。

所得金額の40%または特定寄付金の額のいずれか少ない金額	−	2千円	＝	寄付金控除額

●市民公益税制—選択による税額控除制度

平成23（2011）年から、認定NPO法人等や一定の公益社団法人等に寄付をしたとき、その寄付金が2,000円を超える場合に、上記の寄付金控除との選択により、その超える寄付金の40％を所得税額から控除されます。ただし、所得税額の25％が限度となります。

（所得金額の40%または特定寄付金の額のいずれか少ない金額 − 2千円）× 40% ＝ 寄付金税額控除

所得控除　どちらかを選択　税額控除

政党等寄付金特別控除（税額控除）の計算

政党や政治資金団体に対する寄付については、ここで説明した寄付金控除のほかにも受けられる控除があります。その両者を比べて、有利なほうを選べばいいのです。その控除を“政党等寄付金特別控除”といい、所得控除である寄付金控除と違って税額控除であるのが特徴です。

控除額は、以下の計算式によって求められます。

重加算税…過少申告や無申告などに対して加算税が課される場合、計算

（ その年中に支出した政党等に対する寄付金の額の合計額 － 2千円 ）× 30% ＝ 政党等寄付金特別控除額（100円未満の端数切捨て）

（注１）＝寄付金の合計額は、原則として所得金額の40パーセント相当額が限度
（注２）＝特別控除額は、その年分の所得税額の25パーセント相当額が限度

控除を受けるためには

政治活動に関する寄付をした場合には、選挙管理委員会等の確認印のある「寄付金（税額）控除のための書類」を、確定申告の際に申告書に添付する必要があります。その他の寄付については、寄付をした団体などからの寄付金の領収書が必要です。この領収書を申告の際に提示するか提出します。また、一定の特定公益増進法人に対する寄付や、特定公益信託の信託財産とするための支出を控除する場合は、さらに必要な書類があり、その法人や信託が適格であることの証明書や認定書の写しを用意しなければなりません。

ふるさと納税の返礼品の返礼割合は３割以下に

寄付をすると返礼品がもらえるふるさと納税の健全な発展のため、寄付金の募集を適正に実施し、返礼品の寄付に対する返礼割合を３割以下として、返礼品を地場産品とすることを条件に総務大臣が指定することになりました。令和元(2019)年６月１日以後に支出された寄付金より適用されています。

ふるさと納税の控除額

①所得税からの控除：(寄付金－ 2,000円) ×所得税率
②個人住民税からの税額控除：(寄付金－ 2,000円) ×10%
③特例分控除：(寄付金－ 2,000円) × (100%－ 10%－所得税率)
上記①②③の合計が控除されます。

ふるさと納税ワンストップ特例制度と申告手続きの簡素化

確定申告が不要な会社員が「ふるさと納税」を行う場合は、ワンストップで控除を受けられるしくみが導入されました。寄付をした本人に代わって、地方公共団体が「ふるさと納税」の控除を申請できます。ただし、５団体を超える地方公共団体に寄付を行う人は、これまで通り確定申告が必要です。

確定申告の際、寄付金の受領書に代えて特定事業者が発行する年間寄付額を記載した「寄付金控除額に関する証明書」を添付できるようになりました。

PART 2

雑損控除

泥棒や災害にあったときは、税金を払うどころではありません。そこで所得税には“雑損控除”という制度があります。しかし、その対象になるのは生活に通常必要とされているもののみです。

雑損控除の対象となる資産の範囲

雑損控除は、本人や家族が日常生活するのに必要な住宅や家財、現金など生活財産の損害に限り適用されます。30万円を超える貴金属や書画、骨董品など、贅沢品は対象にされません。また、別荘や事業用資産も同様に対象外です。

住宅、家財など生活用財産	→	雑損控除の対象
別荘、書画などぜいたく品	→	雑損控除の対象外
店舗、機械などの事業用資産	→	雑損控除の対象外

雑損控除の対象となる損失額の範囲

雑損控除の対象となる損失額は、災害や盗難、横領によって生じた損失のみです。災害に関連して、家を取り壊したり除去したりすれば、その費用や、住宅などの被害の拡大または発生を防止するため緊急に必要な措置を講ずるための支出も含めることができます。

ただし、保険金や損害賠償金などの支払いを受けた場合は、その金額を差し引いて損失額を計算してください。

基本用語集 → 更正…申告書に記載された税額等の内容に誤りがある場合、税務署長が

●●● 損失額の評価

雑損控除の対象となる損失額は、その損失を生じたときの直前における、その資産の価額を基礎として計算します（時価が把握しにくいときは取得価額をベースに計算できる）。以下の①、②いずれか多いほうの金額が控除額です。

※雑損控除をしても、その年分の総所得金額などから控除しきれない部分が残ってしまったら、その部分は翌年以降３年間繰り返して控除できます。

●●● 確定申告と雑損控除

申告書に、災害関連支出の金額（盗難、横領に関連する支出の金額、例えばクレジットカードを盗まれ、不正使用されて実際に受けた損害などを含む）の領収書を添付します。

●●● 振り込め詐欺による被害などは控除できない

被害が急増している振り込め詐欺（オレオレ詐欺）や、“うまい儲け話がある”というような口車に乗ってお金をだまし取られても、この雑損控除は適用されません。同様に、株や不動産を売却して損失を被った場合も適用外です。

また、土地を担保にお金を借りて詐欺にあい、その土地を売却して清算する場合にも、特別の控除制度はないので、注意してください。

その税額を訂正すること。

● PART 2

災害減免法による減免税額

地震や台風などの災害により住宅に被害を受けた場合は、一定の条件に該当すれば“雑損控除”か、この“災害減免法による税額の減免”のどちらかで、自分に有利なほうを選択し、減税を受けることができます。

災害減免法適用の要件

その年において、震災や火災、風水害などの災害によって、所有する住宅や家財に対して甚大な被害を受けた場合には、次の要件に該当すれば、災害減免法の適用を受けることができ、所得税の額が減免されます。

その住宅とは、自分または生計をともにする配偶者や扶養親族が、つねに生活をする家屋のことです。

・その損害金額が、住宅や家財の価格の半分以上（その金額の多寡は問わない）。保険金や損害賠償金などにより補填された金額を除く

・その年の所得金額が1,000万円以下

・雑損控除の適用を受けていないこと

・確定申告書に、被害の状況や損害金額等の記載があり、期限内に申告していること

決定…納税申告書を提出すべき者が提出しなかった場合、税務署長が、

減免額

所得の多寡によって、以下の割合で計算した金額が減免されます。

その年の合計所得金額		減免額
500万円以下		所得税額の全額
500万円超	750万円以下	所得税額×50%
750万円超	1,000万円以下	所得税額×25%

※合計所得金額とは、純損失（収入よりも必要経費が多くなったときのマイナス）と雑損失（生活用の資産等に損害を受けたときのマイナス）の繰越控除を適用した後の総所得金額等（分離課税される不動産などの譲渡所得があれば特別控除も除く）の合計額

※所得税額とは、外国税額控除、源泉所得税額を控除する前の金額

サラリーマンなどに対する源泉徴収の猶予と還付

給与所得者や報酬などの支払いを受ける人が、災害によって所有する住宅や家財に甚大な被害を受けた場合は、以下の要件を満たしていれば、源泉徴収が猶予されたり、すでに払ってしまった源泉所得税の還付を受けることができます。

- **その年の合計所得金額の見積額が1,000万円以下**
- **損害金額が住宅や家財の価格の半分以上**
- **損害金額などを記載した申請書を税務署長へ提出していること**

雑損控除との比較

雑損控除では、その年の所得金額から控除しきれなかった控除不足額について３年間の繰越控除が認められていますが、災害減免法では繰り越しの規定はありません。そのため、一般的には損害金額が多額で、かつ翌年以降も所得税額がある人は雑損控除を適用したほうが有利といわれています。

災害減免法のほうが有利なのは、被害額が少なく、その年に免除される所得税額が被害額よりも多い場合です。

● PART 2

医療費控除

病弱な人はふつうの人より医療費がかかるため、税金を納めるのも大変でしょう。そこで、税法では医療費控除という制度が設けられています。１年間に支払った医療費の合計が10万円を超えている場合には、確定申告をすれば税金が戻ってきます。

医療費控除と医療費控除額の計算

自分だけでなく、生計を一にする配偶者や親族のために支払った病気やけがの治療費も控除の対象とすることが可能です。１年間に支払った医療費の合計額が、納税者の総所得金額の５％（10万円を超えるときは、10万円）を超える場合には、その超える部分の金額（200万円を超えるときは、200万円）を控除することができます。

●医療費控除の対象にならない医療費

・健康診断や、美容整形のための費用
・疾病予防、健康増進のためのドリンク剤などの医薬品の購入費
・支払いの済んでいない医療費（未払いのもの）
・感染予防を目的に着用するマスク

医療費控除額	＝	１年間に支払った医療費の合計額	ー	保険金などで補填される金額※	ー	10万円または総所得金額の５％

※・健康保険法などの規定により支給を受ける療養費、出産育児一時金、高額療養費
・生命保険および損害保険契約に基づき支払いを受ける保険金、入院給付金など
・医療費の補填を目的として支払いを受ける損害賠償金など

基本用語集 → 内国税…国税のうち、関税、トン税、特別トン税を除いたものの総称。

医療費控除の対象となる医療費

医師または歯科医師による診療費または治療費 治療または療養に必要な医薬品の購入費用 あん摩マッサージ指圧師、はり師、きゅう師、柔道整復師による施術費 保健師、看護師などによる療養上の世話を受ける費用 助産師による分娩の介助料 病院や診療所、介護老人保健施設、介護療養型医療施設、指定介護老人福祉施設、指定地域密着型介護老人福祉施設または助産所に収容されるための人的役務の提供 介護福祉士等による一定の喀痰吸引および経管栄養の対価 介護保険制度の下で提供された一定の施設・居宅サービスの自己負担額 骨髄移植推進財団に支払う骨髄移植のあっせんに係る患者負担 日本臓器移植ネットワークに支払う臓器移植のあっせんに係る患者負担 高齢者の医療の確保に関する法律に規定する特定保健指導のうち一定の基準に該当する者が支払う自己負担金	＋	医師等による診療等を受けるための通院費(自家用車で通院する場合のガソリン代や駐車場の料金は含まれない) 入院のときに支払う部屋代、食事代	＋	医師等の判断によりPCR検査を受ける費用 医師等による診療等を受けるためのオンライン診療費 オンラインシステム利用料 コルセットなどの医療用器具の費用 日常最低限の用をたすための義手、義足、松葉杖、義歯など 証明を受けたおむつに係る費用

医療費控除の特例（セルフメディケーション税制）

平成29年１月１日から令和８（2026）年12月31日までの間、健康診査、予防接種等を受けている個人を対象に、セルフメディケーション推進のための所得控除制度が創設されました。一定のスイッチOTC医薬品などの購入費用について、年間1.2万円を超えて支払ったときに、購入費用のうち1.2万円を超える額が所得から控除（８万８千円が限度）されます（医療費控除との選択適用）。

内国税に関しては国税庁が管轄する。

● PART 2

住宅ローン控除

公庫融資や金融機関の住宅ローンを使ってマイホームを取得したり増改築した場合は、利息を支払っていることや返済期間が10年以上であることなど一定の要件を満たせば、住宅ローン控除が受けられます。

住宅ローン控除の要件

確定申告をして税金の控除を受けるには、以下の条件を満たす必要があります。なお、この控除は居住用家屋だけでなく土地の部分についても適用されます。

・合計所得金額が2,000万円以下の人であること

・ローンの返済期間が10年以上で分割して返済すること

・取得または増改築してから6か月以内に住むこと

・住宅の床面積が50平方メートル以上であること
※合計所得金額1,000万円以下の者につき、令和5年以前に確認を受けた新築住宅の床面積要件は40㎡以上

・既存住宅等の場合は新耐震基準に適合等一定の基準あり

・増改築の場合は、100万円を超える費用がかかっていること

・店舗と住宅の併用物件の場合は、床面積の半分以上がもっぱら居住用に使われていること

住宅ローン控除…所得税の税額控除の一種。住宅ローンを使って、一定

住宅ローン控除の見直し・延長

2050年のカーボンニュートラル実現に向けた措置として、省エネ性能等の高い認定住宅等[※1]について新築住宅等・既存住宅ともに住宅ローン控除の借入限度額が上乗せされ、適用期限が４年延長されました。（令和７〈2025〉年12月31日までに入居した人が対象）。控除率は0.7%とし、控除期間は新築等の認定住宅等については令和4 ～ 7年入居につき13年とし、新築等のその他の住宅[※2]については令和４·５年入居は13年、令和６·７年入居は10年とし、既存住宅については令和４～７年入居につき10年となりました。

所得要件は合計所得金額2,000万円以下とし、合計所得金額1,000万円以下の者につき令和５年以前に建築確認を受けた新築住宅の床面積要件が40㎡以上に緩和されました。

※１「認定住宅等」とは、認定長期優良住宅・認定低炭素住宅、ZEH水準省エネ住宅、省エネ基準適合住宅を指します。
※２「その他の住宅」とは、省エネ基準を満たさない住宅を指します。

			入居年	
			令和4・5年	令和6・7年
借入限度額※5	新築・買取再販住宅※2	長期優良住宅・低炭素住宅	5,000万円	4,500万円※6
		ZEH水準省エネ住宅※3	4,500万円	3,500万円※6
		省エネ基準適合住宅	4,000万円	3,000万円※6
		その他の住宅	3,000万円	2,000万円※1
	既存住宅	長期優良住宅・低炭素住宅	3,000万円	
		ZEH水準省エネ住宅	3,000万円	
		省エネ基準適合住宅	3,000万円	
		その他の住宅	2,000万円	
控除率			一律0.7%	
控除期間		新築住宅・買取再販住宅	13年（「その他の住宅」は令和６年以降の入居の場合10年）	
		既存住宅※4	10年	
所得要件			合計所得金額2,000万円	
床面積要件			50㎡（新築の場合令和６年までに建築確認：40㎡・所得要件：1,000万円）	

※1　令和５年までに建築確認、令和6年以後に建築確認を受ける家屋等で、登記簿上の建築日付が令和６年６月30日以前であれば適用対象。
※2　「買取再販住宅」は既存住宅を宅地建物取引業者が一定のリフォームにより良質化した上で販売する一定の住宅を指します。
※3　ZEH（ネット・ゼロ・エネルギーハウス）とは「住まいのエネルギー収支をゼロにすることを目指した住宅」のこと（高断熱・高気密で省エネし＋高効率の設備でエネルギーを抑え－太陽光発電などでエネルギーを創る≦エネルギー収支ゼロ）
※4　既存住宅の築年数要件（耐火住宅25年以内、非耐火住宅20年以内）については、「昭和57年以降に建築された住宅」（新耐震基準適合住宅）に緩和。
※5　消費税率引き上げに伴う反動減対策としての借入限度額の上乗せ措置は終了しました。
※6　子育て支援税制の先行対応はP.98参照。

子育て支援税制の先行対応

令和６（2024）年度の税制改正により、子育て支援税制の先行対応が実施されることになりました。その概要は以下のとおりです。

(イ) 配偶者がいる40歳未満の人、40歳未満の配偶者がいる40歳以上の人または19歳未満の扶養親族がいる40歳以上の人（以下「子育て特例対象個人」という。）が、認定住宅等の新築もしくは認定住宅等で建築後使用されたことのないものの取得または買取再販認定住宅等を取得（以下「認定住宅等の新築等」という。）して、令和６（2024）年１月１日から同年12月31日までの間に居住の用に供した場合、住宅借入金等の年末残高の限度額（借入限度額）を次のとおりとして住宅ローン控除の適用ができる。

住宅の区分	借入限度額
認定住宅	5,000万円
ＺＥＨ水準省エネ住宅	4,500万円
省エネ基準適合住宅	4,000万円

(ロ)認定住宅等の新築または建築後に使用されたことのない認定住宅等の取得に係る床面積要件の緩和措置については、令和６（2024）年12月31日以前に建築確認を受けた家屋についても適用できる。

※１　「認定住宅等」とは、認定住宅、ＺＥＨ水準省エネ住宅および省エネ基準適合住宅をいい、「認定住宅」とは、認定長期優良住宅および認定低炭素住宅をいう。

※２　「買取再販認定住宅等」とは、認定住宅等である既存住宅のうち宅地建物取引業者により一定の増改築等が行われたものをいう。

※３　上記(イ)及び(ロ)について、その他の要件等は、現行の住宅ローン控除と同様である。

住民税の取扱い

令和４年分以後の所得税において、住宅ローン控除の適用がある者のうち、住宅ローン控除額からその年分の所得税額を控除した残額がある場合には翌年度分の住民税において一定額を控除します。

地震保険料控除…所得控除の一つ。居住用の家屋や生活用の動産にかけ

土地購入の場合にも原則として適用される

住宅ローン控除については、居住のための家を建てる目的での土地購入についても原則として控除が適用されます。これは、土地購入のすべての場合に適用されるのではなく、居住のための土地購入であることや購入後時間を経ず居住用住居を建築することなどのいくつかの条件があります。

住宅ローン控除と確定申告

確定申告書の住宅ローン控除の欄と計算明細書に必要事項を記入して、以下の書類を添付してください。

なおサラリーマンの場合は、この手続きははじめの年だけで構いません。2年目以降は会社に住宅ローン控除申告書を提出すれば、年末調整で控除を受けることができます。

・源泉徴収票

・土地・建物登記簿謄本

※令和4(2022)年より、既存住宅等については不動産識別事項等を提供すれば省略が可能に。

・売買契約書、または工事請負契約書の写し
・認定住宅の場合は、長期優良住宅認定通知書等

・ローン先の銀行等が発行した融資残高証明書

住宅ローン控除に関わる確定申告の手続きの改正

住宅ローン控除に関わる確定申告の手続きは以下のようになります。

①令和5（2023）年以後に住宅ローン控除を受ける場合は、住宅ローンを組む銀行等に「住宅ローン控除申請書」を提出します。

②銀行等は毎年12月31日現在の住宅ローンの残高を記載した調書を税務署に提出します。

③これにより、本人は税務署に住宅ローンの残高証明書を提出する必要がなくなります。

④税務署から本人に毎年送られる「住宅ローン控除に係る証明書」には住宅ローン残高が記載されます。

⑤新築工事の請負契約書等の添付も不要とされ、申告期限から5年間は税務署長から提示または提出を求められた場合は提示または添付が必要とされます。

た地震保険料の一定額を控除できる。

自己資金で認定住宅等の新築等を行う場合の特別控除制度

長期優良住宅の建設促進のため、住宅ローンを利用せずに、自己資金で認定住宅等の新築等を行ってマイホームとした場合は、標準的な性能強化費用相当額（650万円を限度）の10％が所得税から控除されます。控除額に不足があるときは翌年分の所得税から控除されます（合計所得金額2,000万円以下）。

居住年	対象住宅	控除対象限度額	控除率
令和6年・令和7年	認定住宅、ＺＥＨ水準省エネ住宅	650万円	10%

・住宅ローン控除とは選択適用となり、両方の控除を受けることはできません。
・適用時期：令和７（2025）年12月31日まで

既存住宅のリフォームに係る特例措置の拡充・延長

既存住宅のリフォームを促進することにより、住宅ストックの性能向上を図るため、一定の個人が行う一定の住宅リフォーム（住宅耐震改修工事、バリアフリー改修工事、一般省エネ改修工事、三世代同居改修工事、長期優良住宅化工事※）をした場合の特例措置が2年間（令和７年12月31日まで）延長されました。※長期優良住宅化工事：住宅耐震改修工事＋耐久性向上改修工事、
一般省エネ改修工事＋耐久性向上改修工事、
住宅耐震改修工事＋一般省エネ改修工事＋耐久性向上改修工事

ローン型と自己資金型を整理統合し、必須工事について対象工事限度額の範囲内で標準的な費用相当額の10%を所得税額から控除し、必須工事限度額を超過する部分及びその他のリフォームについても、一定のその他の工事として必須工事全体に係る標準的な費用相当額の同額までの5%が所得税から控除されます。適用対象者の合計所得金額要件は2,000万円以下（耐震は除く）。

ONE◆POINT ローン控除を受けているのに引っ越すことになったら？

この控除を受ける条件として、引き続き居住すること、というものがあります。つまり、取得してから引っ越したりすれば、控除対象からはずされてしまうわけです。しかし、転勤などのやむを得ない事情があり、納税者自身が引っ越しをしてしまっていても家族が引き続き居住しているのならば、この控除を引き続き受けることができます。

基本用語集 宅地開発税…宅地開発に伴い公共施設の整備費用にあてるために課税す

必須工事				その他工事			最大控除額（必須工事とその他工事合計）
対象工事（いずれか実施）		対象工事限度額	控除率	対象工事	対象工事限度額	控除率	
耐震[※3]		250万円	10%	必須工事の対象工事限度額超過分およびその他のリフォーム	必須工事にかかる標準的な費用相当額と同額まで（[※2]）	5%	62.5万円
バリアフリー		200万円					60万円
省エネ		250万円（350万円[※1]）					62.5万円（67.5万円[※1]）
三世代同居		250万円					62.5万円
長期優良住宅	耐震＋省エネ＋耐久性	500万円（600万円[※1]）					75万円（80万円[※1]）
	耐震or省エネ＋耐久性	250万円（350万円[※1]）					62.5万円（67.5万円[※1]）

出典：国土交通省資料より抜粋

※1　かっこ内の金額は、太陽光発電を設置する場合
※2　最大対象工事限度額は必須工事と併せて合計1,000万円が限度。
※3　昭和56（1981）年５月31日以前に建築された建物が対象。

子育て支援税制の先行対応(既存住宅に係る特定の改修工事をした場合)

令和６（2024）年度税制改正により、既存住宅に係る特定の改修工事をした場合の所得税額の特別控除について、子育て支援税制の先行対応が導入されました。子育て特例対象個人が所有する居住用の家屋について一定の子育て対応改修工事[※1]をして、当該居住用の家屋を令和６（2024）年４月１日から同年12月31日までの間に居住の用に供した場合を適用対象に追加し、その子育て対応改修工事に係る標準的な工事費用相当額[※2]（250万円を限度）の10%に相当する金額がその年分の所得税の額から控除されます。

※１　上記の「一定の子育て対応改修工事」とは、①住宅内における子どもの事故を防止するための工事、②対面式キッチンへの交換工事、③開口部の防犯性を高める工事、④収納設備を増設する工事、⑤開口部・界壁・床の防音性を高める工事、⑥間取り変更工事（一定のものに限る。）であって、その工事に係る標準的な工事費用相当額（補助金等の交付がある場合には、当該補助金等の額を控除した後の金額）が50万円を超えることなど、一定の要件を満たすものをいう。
※２　上記の「標準的な工事費用相当額」とは、子育て対応改修工事の種類ごとに標準的な工事費用の額として定められた金額に当該子育て対応改修工事を行った箇所数等を乗じて計算した金額をいう。
※３　上記の税額控除は、その年分の合計所得金額が2,000万円を超える場合には適用されない。
※４　その他の要件等は、既存住宅に係る特定の改修工事をした場合の所得税額の特別控除と同様となる。

る、市町村の目的税。市町村の条例で税率が定められる。

● PART 2

所得に対する もうひとつの税金、住民税

地方公共団体の住民であることで課税される身近な税金が住民税です。住民税という言葉は、法律上にはありませんが、ふつうは道府県民税（都民税を含む）と市町村民税（特別区民税を含む）を合わせてこう呼んでいます。

●●● 住民税とは

個人の住民税は、前年の所得に対して１月１日現在の住所地で課税され、所得の額に応じて課税される所得割の部分と、所得金額にかかわらず個人が等しく負担する均等割の部分から成り立っています。

住民税 ＝ 所得割 ＋ 均等割

●●● 所得の計算と納める税額

住民税の所得割の部分の額を導き出す基本となる所得金額の計算方法は、所得税の場合とほぼ同じです。給与所得や不動産所得など各種の所得を合計し、所得控除をして求めます。

●所得割額

（前年の総所得金額等 － 所得控除額）× 税率 － 税額控除額

●均等割額（東京都23区の場合）

都民税額 1,000円 ＋ 特別区・市町村民税 3,000円

基本用語集 → 法人住民税…地域社会の費用について、その構成員である法人にも個人

所得割、均等割の税額

⑴所得割（10%比例の税率）

①道府県民税	②市区町村民税	参考：森林環境税（国税）
一律　4％	一律　6％	1,000円

⑵均等割

①道府県民税	②市区町村民税
1,000円	3,000円

※森林環境税は令和６（2024）年度から国内に住所を有する個人に対して課税される国税で、森林設備等に必要な財源を安定的に確保する観点から創設されました。税の徴収は個人住民税均等割と併せて行われます。

利子割額

利子等の支払いを受ける者

利子等の額について、5%が課される

配当割額

一定の上場株式等の配当等の支払いを受ける者

上場株式等の配当等の額×5%が課される

株式等譲渡所得割額

所得税で源泉徴収を選択した特定口座（源泉徴収口座）で上場株式等の譲渡所得の対価の支払いを受ける者

源泉徴収選択口座内における上場株式等の譲渡による所得等の額×5%が課される

納める時期と方法

給与所得者と事業所得者等は違う

サラリーマンの場合は、６月から翌年の５月までの12回にわけて、毎月の給与から天引き（特別徴収）されますが、確定申告をした個人で事業を行う事業所得者等は普通徴収といって、市区町村から納税通知書が送付されてきます。

それを年４回に分けて納税します。

と同様に負担を求めている。道府県民税と市町村民税がある。

●●● 所得金額の計算と住民税の申告

サラリーマンならば、住民税の所得金額の計算は、所得税の所得計算とほとんど同じです。給与・賞与などの総額から給与所得控除額を控除した金額となります。住民税の申告は、サラリーマンであれば、会社から各人の住所地の市区町村長へ書類（給与支払報告書）が提出されますので、原則として必要ありません。

●●● 非課税である人

住民税の非課税については、各自治体によって計算方法が異なりますので、詳細はお住まいの市区町村にご確認ください。

〈参考：東京都板橋区の例〉

住民税が課税されない方

所得や家族の状況によって、次のような場合には住民税は課税されません。
※扶養親族数には、所得控除（扶養控除）の対象外となる16歳未満の扶養親族も含みます。

均等割と所得割が課税されない方（非課税の方）

- 1月1日現在、生活保護法により生活扶助を受けている方
- 障害者、未成年、寡婦、ひとり親で前年の合計所得金額が135万円以下の方
- 前年中の合計所得金額が次の金額以下の方
  - ○ア．扶養親族のない方
    45万円
  - ○イ．扶養親族のある方
    35万円×（同一生計配偶者＋扶養親族数＋１）＋31万円

所得割が課税されない方

- 前年中の総所得金額等が次の金額以下の方
  - ○ア．扶養親族のない方
    45万円
  - ○イ．扶養親族のある方
    35万円×（同一生計配偶者＋扶養親族数＋１）＋42万円

●●● 新入社員と住民税

住民税の納税義務者とは、都道府県内および市区町村に住所をもつ人です。そして、納税はその年の１月１日に住んでいる都道府県や市区町村にします。つまり、その前年の所得に対して１月１日の住所地で課税されるわけ

法人事業税…法人が事業活動を行うにあたって地方団体の各種の行政サ

です。ですから、前の年に所得のない新入社員には、住民税がかからないことになります。

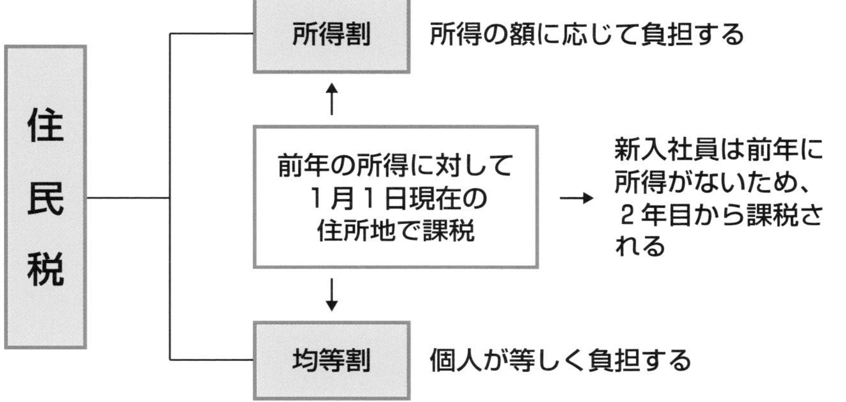

●●● 会社を退職した場合の住民税

新入社員の場合は、前年に所得がないため、働きはじめて1年目は住民税がかかりません。しかし、その逆に会社を辞めてもその翌年には働いていたときの住民税を納めなければならないことがあります。

たとえば、これには定年になって退職したときだけでなく、結婚退職などもあてはまります。すでに働いていなくて所得がないにもかかわらず、住民税は払わなければならないのです。あわてないためにも、少しは退職金をストックしておきましょう。

ービスの提供を受けることから、道府県が課税します。

● PART 2

退職金の受け取り方

会社を辞めて退職金をもらった場合にも税金がかかります。しかし、退職金には、長年の働きに感謝をするという意味もあり、またその後の生活をいくぶんかは保障しなければなりません。そのため、税金の負担でも軽減が図られています。

退職所得の計算法

退職所得とは、退職手当てや一時恩給など退職によって一時的に受け取る給与などのことをいいます。毎月の給与の後払い的性格をもつことなどいくつかの理由に鑑みて、税額を低く抑えられるようほかの所得とは分けて税金の計算（申告分離課税）をするように特別の配慮がなされています。

退職所得の金額 ＝ （退職金 － 退職所得控除額） × 1/2※

※平成25年からは、会社の役員等で勤続年数が5年以下の場合は2分の1とする措置が廃止された。
※令和4（2022）年から、役員等以外で勤続年数5年以下の短期退職手当等については、収入金額から退職所得控除額を控除した残額のうち、300万円を超える部分については2分の1課税が適用されません。

退職所得控除額

退職所得控除額は、勤続年数に応じて定められています。

勤続年数	退職所得控除額
勤続年数が 20年以下の場合	40万円×勤続年数（1年未満の端数は切り上げ） 80万円に満たないときは80万円
勤続年数が 20年を超す場合	800万円＋ 70万円×（勤続年数－ 20年）

※障害者になったことにより退職した場合には100万円を加算します。

揮発油税…揮発油を製造所から移出したとき、保税地域から引きとると

退職所得と確定申告

退職金を受けとるときに、「退職所得の受給に関する申告書」を会社に提出していれば、退職金支払い時の源泉徴収により税金の精算は済んでいます。しかし、この申告書を提出しなかった人は、確定申告をしてください。退職金には、一律20.42％（復興特別所得税を含む）の源泉徴収がなされているので、確定申告をすることで税金が戻ってきます。

●退職後に再就職をしなかった場合は確定申告を

退職すると、当然のことながら会社の行う年末調整は受けられません。つまり、年末調整に代えて自分で確定申告をする必要が出てくるわけです。

退職により、収入がなくなるわけですから、その分税金は軽減されます。その軽くなった分を申告で取り戻すのです（もちろん、年内に再就職をしていれば年末調整を受けられるので、申告の必要はありません）。

確定申告の際には、その年の退職までの源泉徴収票と生命保険料控除証明書、地震保険料控除証明書、国民健康保険料、国民年金、国民年金基金などの領収書が必要です。

還付金は、金融機関のあなたの口座に税務署から振り込まれますので、口座番号の確認を忘れないでください。

ONE◆POINT　退職金が申告分離課税されるわけ

退職所得、という枠が特に設けられているのには理由があります。本来ならば、所得は総合課税となり、しかも適用されるのは所得が多くなればなるほど税率が高くなる累進課税です。すると、退職時にはいつもの収入に退職金が上乗せされることになり、額が増えた分高い税率が課せられ、税金も増えてしまいます。それを避けるために、申告分離課税されているのです。

き、製造業者あるいは引き取る者に課せられる。

● PART 2

中途退職は税金が戻る？

サラリーマンの源泉所得税額は、所得が１年間あることを前提として考えられています。ですから、半年しか働いていなければ、収入も少なく、税金も少なくなるはずです。中途退職した場合は、確定申告をして税金を取り戻してください。

確定申告で税金が戻る理由

年の途中で退職すると、年末調整が受けられません。つまり、もともと年末調整で精算することになっている配偶者特別控除や生命保険料控除などが手続きされていないのです。

この控除の適用があったり、また中途退職の場合は源泉所得税を払いすぎていることがほとんどなので、確定申告をすれば税金が還付される場合があります。

●いくらくらい税金が戻るか

７月に中途退職
退職までの給与収入…350万円の場合

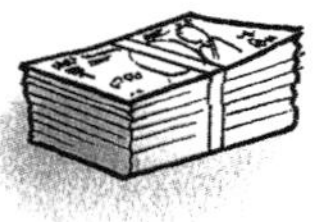

※所得控除は基礎控除のみとする。

源泉所得税約20.9万円が天引きされている	確定申告をすると	→ 所得税約9.6万円
	確定申告をしないと	→ 所得税約20.9万円

差額約11.3万円が還付される

※平成25年からは2.1％の復興特別所得税（→P.33参照）が課税されます。

基本用語集 → 地方揮発油税…揮発油の移出・引き取りに対して課される国税で、都道

住民税は翌年支払う

サラリーマンであれば、これまで会社が手続きをしていたのでわからないでしょうが、実は住民税は収入のあったその翌年に支払うことになっています。つまり、退職した年の住民税は、再就職しなければ、翌年自分で支払わなければなりません。

そのため、税金が返ってくるつもりで確定申告をすると、今度は住民税の納税通知書がくるわけです。もちろん、所得税の還付金もあるでしょうから、それを蓄えて住民税の支払いに充てるくらいに考えておくといいでしょう。

源泉徴収票

原則として、毎年1月には勤務先から交付されます。受け取っていないときには、すぐに会社に請求しましょう。

失業保険は申告の必要なし

だいたいにおいて、個人になんらかの所得があればかかってくるのが所得税という税金です。しかし、なかには例外もあり非課税所得といって、政策上または課税技術上から所得税を課さない所得もあります。

雇用保険法による失業給付も、この非課税所得とされています。失業という状況を考えて、税金がかからないのです。非課税所得は、もともと課税がなされていないので、わざわざ確定申告の手続きをする必要はありません。

府県及び市町村に対して財源を譲与するもの。

PART 2

年金にかかる税金

リタイアしたあとは、年金生活で悠々自適の生活を送ろうと考えていた人が、年金にも税金がかかることを知って驚くことが多いと聞きます。年金は雑所得として課税されますが、公的年金については大幅な控除の制度が設けられています。

公的年金とは

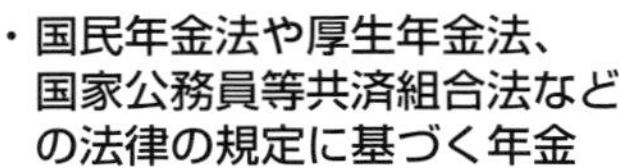

・国民年金法や厚生年金法、国家公務員等共済組合法などの法律の規定に基づく年金

・恩給

・確定給付企業年金契約に基づいて支給を受ける年金など

公的年金の所得金額の計算

公的年金の所得金額は、受け取った年金の収入金額から公的年金控除額を差し引いて計算します。

公的年金の所得金額	＝	公的年金の収入金額	−	公的年金控除額

公的年金控除額とは

公的年金控除額は、受給者の年齢が65歳以上または未満、公的年金の収入

基本用語集 → 軽自動車税…原動機付自転車、軽自動車、小型特殊自動車、二輪の小型

金額に応じて定められています。

●公的年金等控除（令和２〈2020〉年から）

	年金収入金額	公的年金等控除額
65歳以上	1,000万円以上	195.5万円
	770万円以上1,000万円未満	年金収入×５%＋ 145.5万円
	410万円以上　770万円未満	年金収入×15%＋　68.5万円
	330万円以上　410万円未満	年金収入×25%＋　27.5万円
	330万円未満	110万円
65歳未満	1,000万円以上	195.5万円
	770万円以上1,000万円未満	年金収入×５%＋ 145.5万円
	410万円以上　770万円未満	年金収入×15%＋　68.5万円
	130万円以上　410万円未満	年金収入×25%＋　27.5万円
	130万円未満	60万円

※上記は公的年金等に係る雑所得以外の所得に係る合計所得金額が1,000万円以下の場合。

※令和２（2020）年より公的年金控除額は一律10万円引き下げられた。公的年金等に係る雑所得以外の所得に係る合計所得金額が1,000万円超2,000万円以下の場合はさらに控除額が10万円引き下げられ、2,000万円超の場合は控除額が20万円引き下げられた。

※65歳未満であるかは、12月31日の年齢で判定する。なお、公的年金等の収入金額が400万円以下で、その他の所得の金額が20万円以下の場合は、原則として確定申告が不要となっている。

私的年金の所得金額の計算

私的年金とは，保険会社などと年金契約を結び、その結果支払われる金融商品のことをいいます。私的年金の所得金額は、受け取った年金の金額から必要経費に当たるものを差し引いて計算します。

私的年金の所得金額 ＝ 受け取った年金の金額 － 必要経費

※［必要経費］＝［その年に支給される年金の額］×（［保険料または掛金の総額］÷［年金の支払い額または支払い総額の見込み額］）

所得の区分

公的年金であっても私的年金であっても、基本的な所得の区分としては同じ雑所得になり、総合課税されます。つまり、他に不動産所得などがあればそれと合計して、全体の所得金額に対して税額が計算されるわけです。

生命保険の満期保険金

生命保険や郵便局の簡易保険が満期となって、契約者本人に満期保険金、配当金などの一時金（業務に関連して受けとるものは除く）、損害保険の満期払戻金が支払われた場合は、その所得を一時所得に区分して課税がなされます。

一時所得とは

一時所得とは、サービスや販売の対価として得る所得以外のものをいいます。満期保険金だけでなく、福引きの当選金や勝馬投票券の払い戻し金、落とし物を拾ったときの謝礼金なども一時所得です。

一時所得の計算法

総収入金額 満期保険金	－	その収入を得るために支出した金額 既払込保険料や掛金の合計	－	一時所得の特別控除額	＝	一時所得の金額

一時所得の特別控除額

条件		特別控除額
総収入金額－支出した金額が50万円未満の場合	→	その全額
総収入金額－支出した金額が50万円以上の場合	→	50万円

基本用語集 軽油引取税…軽油の元売業者からの引取りを行う業者に対して、容量に

課税対象額

一時所得の金額の２分の１が課税の対象になります。

一時所得の金額は、基本的に給与所得などほかの所得があれば、それと合わせて課税する総合課税の制度が適用されます。しかし、その全額に課税されるわけではなく、２分の１相当額を合算することになっています。

（一時所得の金額×50パーセント ＋その他の所得金額）	＝	課税所得

その他の一時所得

- クイズ番組や雑誌の懸賞の賞金や賞品
- 競輪の車券の払い戻し
- ふるさと納税の返礼品相当額

確定申告と一時所得

確定申告には、源泉徴収票の添付と保険金支払計算書の提示が必要です。また、保険期間が５年以下の一時払養老保険や損害保険と、保険期間が５年を超えるものであっても５年以内に解約により取得した保険金は、源泉分離課税の制度が適用されるので、確定申告は不要です。

保険金を受け取ったとき

自分が自分にかけていた保険が満期になって保険金を受け取った場合は、前述のように一時所得に分類され、所得税がかかります。しかし、他の条件が同じであっても、受取人が妻など他人に替わっただけで、贈与税に分類されてしまうのです。

このように、生命保険金を受け取ったときは、死亡か満期かなどの理由や、だれが保険料を負担しているかによって、課税方法が異なってくるので注意してください。

区分	被保険者	負担者	受取人	保険事故等	課税対象等
①	夫	夫	夫	満期	夫に所得税（一時所得）
②	夫	夫	妻	満期	妻に贈与税
				夫の死亡	妻に相続税
③	妻	夫	妻	夫の死亡	妻に相続税（生命保険契約に関する権利）
④	妻	夫	夫	満期	夫に所得税（一時所得）
				妻の死亡	

基本用語集 利子税…附帯税の一つ。申告期限の延長がなされたときは、その期間に応

PART 2

預貯金の利息

銀行などの預金につく利息からも、税金が天引きされているのは、みなさんご存じだと思います。原則として一律20.315%※の源泉分離課税がされていますので、預金の利息は確定申告する必要はありません。※復興特別所得税を含む。

利子所得とは

利子所得とは、公社債の利子や銀行や郵便局の預貯金の利子、および合同運用信託や公募公社債投資信託等の収益の分配にかかる所得をいいます。

利子所得の金額 ＝ 収入金額

利子所得と手続き

預貯金の利子は源泉分離課税ですので、確定申告は不要ですが、高齢者や障害者に適用されるマル優や、給与から天引きされる財形住宅貯蓄と財形年金貯蓄は例外なので、金融機関や勤め先に非課税として処理をする手続きをしなければなりません。特定の公社債や公募公社債投資信託などの利子等は、申告分離課税の対象となりますが、確定申告をしないことも選択できます。

ONE◆POINT 外貨預金

外貨預金は、利息収入に対して20.315％（復興特別所得税を含む）が源泉徴収で課税されるうえ、元本部分に為替差益が発生すると雑所得とみなされ、所得税・住民税が課せられます。為替差益が発生したら確定申告が必要となりますが、給与収入が2,000万円以下のサラリーマンは、為替差益からなる雑所得を含めた他の所得が20万円以下の場合は不要です。なお、外貨預金は日本の預金保険機構の対象外です。

PART 2

株の配当金を受け取ったときは

貯蓄から投資へという流れで株式投資をする人が増えてきました。上場株式の配当を受け取ったときは配当所得となり、配当所得の課税には、総合課税、申告分離課税、申告不要制度があります。

配当所得とは

配当所得とは会社から受ける利益の配当、剰余金の配当、剰余金の分配等と公募株式投資信託の収益の分配等による所得をいいます。

配当所得の金額 ＝ 収入金額※ － 株式などを取得するための一定の借入金の利子

※源泉徴収税額を差し引く前の金額

源泉徴収と確定申告の選択

上場株式等の配当等の場合の源泉徴収（大口株主を除く）

所得税・復興特別所得税15.315%　住民税5%

上場株式等以外の配当等の場合の源泉徴収（上場株式等の大口株主を含む）

所得税・復興特別所得税 20.42%　住民税なし

※大口株主とは、上場会社等の発行済株式等の３%以上※を保有する人をいう。

※令和５（2023）年10月より同族会社分を含む。

上場株式等の配当所得と確定申告不要制度

上場株式等の配当所得は総合課税によらず申告分離課税を選択できます。申告分離課税の選択は、確定申告する上場株式等の配当所得の全額について行わなければなりません。また、申告分離課税を選択すると、上場株式等の譲渡損失との損益通算が可能です。

上場株式等の配当のうち（大口株主が受けるものは除く）一定のものについては確定申告をしなくてもよいとされています。この場合は配当等に係る源泉徴収税額は確定申告で所得税から差し引くことができません。また、上場株式等以外の配当等の場合は総合課税となります。１回の支払い配当の金額が10万円以下の場合は、少額配当として確定申告不要です。

基本用語集 森林環境税…森林設備等に必要な財源を安定的に確保する観点から創設

NISA制度の拡充・恒久化

NISAは口座内で生じた配当および譲渡益が非課税となります。

〈令和5（2023）年まで〉

	つみたてNISA　いずれかを選択	一般NISA
年間の投資上限額	40万円	120万円
非課税保有期間	20年間	5年間
口座開設可能期間	平成30（2018）年～令和19（2037）年	平成26（2014）年～令和5（2023）年
投資対象商品	積立・分散投資に適した一定の公募等株式投資信託（商品性について内閣総理大臣が告示で定める要件を満たしたものに限る）	上場株式・公募株式投資信託等
投資方法	契約に基づき、定期かつ継続的な方法で投資	制限なし

〈令和6（2024）年以降〉

	つみたて投資枠　併用可	成長投資枠
年間の投資上限額	120万円	240万円
非課税保有期間(注1)	制限なし（無期限化）	制限なし（無期限化）
非課税保有限度額(注2)（総枠）	1,800万円　※簿価残高方式で管理（枠の再利用が可能）	
		1,200万円（内数）
口座開設可能期間	制限なし（恒久化）	制限なし（恒久化）
投資対象商品	積立・分散投資に適した一定の公募等株式投資信託（商品性について内閣総理大臣が告示で定める要件を満たしたものに限る）	上場株式・公募株式投資信託等(注3)（※安定的な資産形成につながる投資商品に絞り込む観点から、高レバレッジ投資信託などを対象から除外）
投資方法	契約に基づき、定期かつ継続的な方法で投資	制限なし
従前制度との関係	令和5（2023）年までに現行の一般NISA及びつみたてNISA制度において投資した商品は、新しい制度の外枠で、現行制度における非課税措置を適用	

（出典：財務省資料より作成）

（注１）非課税保有期間の無期限化に伴い、従前のつみたてNISAと同様、定期的に利用者の住所等を確認し、制度の適正な運用を担保。
（注２）利用者それぞれの生涯非課税限度額については、金融機関から既存の認定クラウドを活用して提出された情報を国税庁において管理。
（注３）金融機関による「成長投資枠」を使った回転売買への勧誘行為に対し、金融庁が監督指針を改正し、法令に基づき監督及びモニタリングを実施。
※対象者は18歳以上の日本国内の居住者等。
※具体的な運用は取引する証券会社等で確認してください。

ONE◆POINT　配当控除は存続するの？

大口株主と非上場株は確定申告が必要ですが、従来からの配当控除の適用があります。所得税額から下記の配当控除額を差し引くことができます。

課税総所得金額	配当控除額
1,000万円以下の場合	配当所得の金額×10 ／ 100
1,000万円超の場合	配当所得の金額のうち課税総所得金額から1,000万円を差し引いた金額に達するまでの部分の金額（A） $\times\frac{5}{100}+$ 配当所得の金額のうち（A）以外の部分の金額 $\times\frac{10}{100}$

COLUMN ● 税金を分類すると？

ひと口に税金といっても、課税する対象などによって名前が違います。しかし、グループごとにくくることができます。税金の分類の仕方はいろいろありますが、一般的には次にように分けています。

◆国税と地方税

国に納める税金を国税といい、都道府県や市町村に納める税金を地方税といいます。国税は税務署が担当し、地方税である都道府県税は都道府県の税務事務所が、市町村税は市町村の税務課が担当します。

所得税、法人税、消費税、相続税、酒税、揮発油税、印紙税、たばこ税、関税、自動車重量税、石油ガス税などが国税です。これに対して、住民税、事業税、固定資産税、事業所税、地方消費税、不動産取得税、地方たばこ税、自動車税種別割、軽自動車税種別割、ゴルフ場利用税、特別土地保有税、都市計画税などが地方税です。

◆直接税と間接税

税金を負担する人と税金を納める人が同じ法人税や所得税などを直接税といいます。消費税や酒税のように、税金を負担する人と税金を納める人が異なる税金を間接税といいます。

直間比率というのは、税収に占める直接税と間接税との割合のことです。

◆普通税と目的税

使途を特定せずに課税される税金を普通税といい、政策使途に目的があって課される税金（入湯税、都市計画税など）を目的税といいます。

◆収得税、財産税、消費税、流通税

これらは担税力（税金を負担する力）の違いなどを基に分類するもので、収得税には、所得を対象として課税される所得税、法人税などと、収益を対象として課税される事業税などがあります。財産税は、財産に課される税金で、相続税、贈与税などです。

消費税は、消費する際に課される税金です。流通税は、権利の取得、移転などの取引について課される税金で、登録免許税や印紙税などです。

◆人税と物税

主としてヒトに課される税金を人税（所得税、相続税など）といい、モノに対して課される税金を物税（固定資産税など）といいます。

PART 3

不動産にかかる税金

● PART 3

不動産を取得したときにかかる不動産取得税

土地や家屋を購入したり家屋だけを新築・増築・改築した場合など、不動産を新たに取得したときには不動産取得税がかかります。これは地方税で、その不動産の所在地の都道府県が、不動産を取得した人に対して課すものです。

税額の計算法

（ 不動産の価格 － 控除額 ）× 税率 ＝ 不動産取得税額

不動産の価格とは

ここでいう不動産の価格とは、実際の購入費用や建築工事費のことではありません。"固定資産課税台帳" に登録された不動産は、その登録価格です。

また、この不動産取得税は、不動産の所有権を現実に取得した場合に、有償無償を問わず課されるので、贈与や交換などのように実際にお金のやり取りがなくても、かかります。ただし、相続による取得は課税されません。

なお、新築されたばかりの家屋などでは、固定資産課税台帳に価格が登録されていないこともあります。このときは、総務大臣が定める固定資産評価基準に基づき都道府県知事が価格を決定します。

基本用語集 → 譲渡所得…資産を譲渡することにより得る所得をいう。所得税の課税対

控除額

取得した家屋が一定の要件に該当する新築の"特例適用住宅"の場合は、家屋の価格から1戸につき1,200万円が控除されます。また、"既存住宅"のときの控除額は、その家屋が新築されたときの区分に応じた控除額です。

新築された日	控除額
平成9年4月1日以降	1,200万円
平成元年4月1日～平成9年3月31日	1,000万円
昭和60年7月1日～平成元年3月31日	450万円
昭和56年7月1日～昭和60年6月30日	420万円
昭和51年1月1日～昭和56年6月30日	350万円
昭和48年1月1日～昭和50年12月31日	230万円

●新築の認定長期優良住宅に係る不動産取得税の軽減

一定の新築認定長期優良住宅については、不動産取得税について課税標準からの控除額が一般住宅特例の場合より拡大され、控除額が1,300万円になります。

税　率

不動産取得税の標準税率は、固定資産課税台帳の登録価格の3パーセントです。ただし、一定の住宅（居住用の家屋で、別荘は除く）や敷地の取得については固定資産評価額の2分の1とする特例措置がとられています。

種　類	税　率
宅　地	固定資産評価額×$\frac{1}{2}$×3％
一般の建物	固定資産評価額×4％
住宅用建物の軽減措置	（固定資産評価額－控除額）×3％

不動産取得税の軽減の特例

家屋や土地を買うことは相当な出費といえます。また、それらの購入に付随して、不動産取得税などの税金もかかってきます。そこで住宅用の土地や家屋、一定の条件を満たした土地・建物には、不動産取得税に関する特例措置が設けられています。

新築住宅等に対する軽減の特例

住宅にかかる不動産取得税の軽減措置には、新築の家屋にあたる特例適用住宅に対するものと、中古住宅である既存住宅に対するものがあり、それぞれの特例措置が以下のとおりに定められています。

●特例適用住宅（新築住宅）に対する課税標準の特例

税額 ＝（不動産の価格－ 1,200万円）× 3％

住宅を新築した場合、または他人が新築した住宅でまだ人が居住の用に供していないものを購入した場合、家屋の価格から１戸につき1,200万円控除される。

・床面積が50平方メートル（戸建て以外の貸家住宅は40平方メートル）以上、240m²以下

※住宅として使用されていれば、自分が住んでいても人に貸していてもどちらでも構わない。店舗と住宅が一緒である場合は、住宅部分のみが対象。

課税物件…税額決定の基準となる課税物件の数量や価格等。所得税にお

●既存住宅（中古住宅）に対する課税標準の特例

税額 ＝（不動産の価格－新築時の区分に応じた控除額）×３％

人の居住の用に供された住宅で、取得した者が自ら居住する場合、家屋の価格からその家屋が新築されたときの区分（p.121）に応じた額が控除される。

主な要件

・住宅の床面積が50平方メートル以上で、かつ240平方メートル以下
・一定の新耐震基準に適合していること
・取得した本人の居住用に限る

住宅用土地に対する軽減措置

新築の“特例適用住宅”や中古の“既存住宅”が建っている土地を取得した場合で、一定の要件を満たすときには、所定の計算で求めた土地の税額から控除ができるという特例が認められています。

条件をクリアした住宅用地の不動産取得税から、実際に控除できる金額は次のａ、ｂいずれかのうち大きいほうの金額となります。

ａ、45,000円
ｂ、土地１平方メートルあたりの価格×１/２×住宅の床面積（200平方メートルを限度）×２倍×３％

契約書を作成すると印紙税が課される

不動産の売買契約書や建築請負契約書などの契約書や売却代金にかかる領収書などの課税文書を作る場合には、書類に印紙を貼って印紙税という国税を納めなければなりません。印紙税額は、記載されている契約金額によって異なります。

印紙税とは

印紙税は、契約書や領収書など印紙税法で定められた一定の課税文書に課される国税です。これらの文書は、経済的な取引の結果作成されるものですから、そこには“税金を負担するだけの能力がある”と判断され、課税されるわけです。

印紙税を納める義務があるのは、課税文書の作成者です。たとえば、売買契約書などで２人以上の人がその文書の作成にかかわっている場合は、それらの人が連帯して納付義務を負います。また、契約書の内容や契約金額、領収金額などにより、印紙税額は変わってきます。

印紙税の納め方

印紙は、郵便局や郵便切手類販売所などで売っています。それを買ってきて、課税文書に貼り、消印することで完了（印紙税納付）します。２人以上の人が共同して作成したときは、消印はそのどちらかで構いません。

基本用語集 印紙税…印紙税法に定められている課税文書の作成者に対して課される

また、何通も文書を作成して貼付の手間が頻雑な場合は、印紙納付にかえて現金納付が認められているほか、税務署で税印を押す方法や、あらかじめ借りておいた納付計器を使う方法、書式表示により納付する方法などがあります。

収入印紙を貼り忘れた場合

印紙を貼らなければならない課税文書に、貼っていないことが判明した場合は、その印紙税額とその額の2倍との合計金額の過怠税がかかるため、注意が必要です。また、印紙を貼っていても、それに消印がなければ、やはり印紙の額面相当額の過怠税がかかってしまいます。

間違えて貼ってしまった場合

印紙を貼らなくてもいい文書に貼ってしまったり、決められた金額以上の印紙を貼ってしまった場合は、税務署に申告すれば印紙税が戻ってきます。その場合は、税務署に文書を提示して、一定の手続きをとります。

不動産売買契約書の印紙税の軽減措置

不動産の売買に関する契約金額	本則	軽減税率（令和９〈2027〉年３月まで）
10万円超50万円以下	400円	200円
50万円超100万円以下	1,000円	500円
100万円超500万円以下	2,000円	1,000円
500万円超1,000万円以下	1万円	5,000円
1,000万円超5,000万円以下	2万円	1万円
5,000万円超1億円以下	6万円	3万円
1億円超5億円以下	10万円	6万円
5億円超10億円以下	20万円	16万円
10億円超50億円以下	40万円	32万円
50億円超	60万円	48万円

※10万円以下は軽減税率の対象とならない（税率200円）。1万円未満は非課税。

租税。課税書類に所定の印紙を貼って消印する方法で納税。

● PART 3

不動産登記にかかる登録免許税

登録免許税は、各種の登記、登録等を受けるときに課される国税です。例えばマイホームなどの取得に際して、所有権の移転や保存の登記をするために、登記所に行き申請書を提出するときに納めます。

登記、登録とは

ここでいう登記、登録等とは、登録免許税法に列挙される登記、登録、特許、許可、認可、指定、技能証明のことです。具体的には、前述のような不動産の登記をはじめ、いろいろなものがあります。

登録免許税がかかる例

不動産の登記

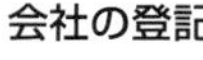
会社の登記

実用新案の登録

弁護士や税理士などの資格の登録など

印紙納付…税額分の印紙をはることによって税を納付しなくてはならな

登録免許税を納める人

登録免許税を納めなければならないのは、登記等を受ける人たちです。もし、複数の人が共同で登記等を受ける場合は、これらの人が連帯して納付する義務を負います。

たとえば、共有の建物について所有権の保存登記をする場合は共有する人たちが、所有権移転の登記をする場合には登記義務者と複数の登記権利者とが、それぞれ連帯義務者となるわけです。

課税標準（課税計算のもととなる金額）

登録免許税では、登記等の区分により、次のようにふたつに分けられます。

A．金額を課税標準とするもの
B．件数や個数など数量を課税標準とするもの

・Aに当てはまるもの

1、登記のときにおける不動産の時価（ふつうは、その年の1月1日現在での固定資産税評価額）

2、新築の建物のように、登録された価格がない不動産については、類似した条件の不動産の登録価格を考えあわせ、登記官が認定した価格

・Bに当てはまるもの

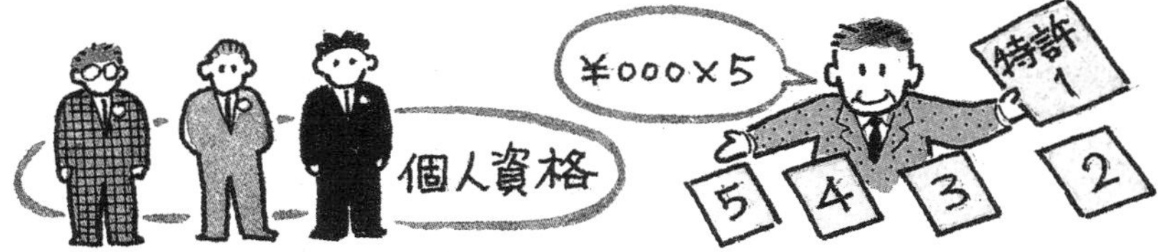

弁護士など個人資格の登録や、実用新案の登録
（登録ひとつあたりにいくら、という計算方法で求める）

い国税。印紙税、自動車重量税、登録免許税などがある。

不動産登記の登録免許税の税率

主な不動産登記の際の登録免許税の税率は、以下のとおりです。

土地

登記の種類	本則税率	軽減税率※
所有権の移転	2.0%	1.5%
所有権の保存	0.4%	−

※軽減税率は令和 8 （2026）年 3 月まで。

建物

登記の種類	本則税率	軽減税率※
所有権の移転	2.0%	住宅用家屋……………………0.3% 特定認定長期優良住宅（一戸建て以外）…0.1% 特定認定長期優良住宅（一戸建て）………0.2% 認定低炭素住宅………………0.1% 特定増改築等がされた住宅…0.1%
所有権の保存	0.4%	住宅用家屋……………………0.15% 特定認定長期優良住宅………0.1% 認定低炭素住宅………………0.1%

※軽減税率は令和 9 （2027）年 3 月まで。個人が取得し自己の居住の用に供する場合に限る。

基本用語集 → 鉱区税…鉱業権のついている鉱区や砂鉱区の面積が課税標準となり、鉱

PART 3

マイホームを維持するためにかかる税金

土地や家屋を所有している者に対しては、固定資産税、都市計画税などの税金が課せられます。土地や建物の所有者は、その資産の価値に応じて計算された税額を土地や建物がある市町村に納めます。

不動産の保有にかかわる税金

不動産の保有に対しては、固定資産税、都市計画税などの税金（市町村税）が課されます。なお、地価税、特別土地保有税は、現在は停止されています。

固定資産税	固定資産税は、土地や家屋、および会社で使っている機械や什器類で減価償却費が税法上の経費となる償却資産などに対する税金です。市町村税（東京都23区では、都）で、土地・家屋の所有者に対して課されます。
都市計画税	都市整備の費用に充てるための財源として、市町村が徴収するものです。都市計画法で市街化区域に指定されている場所に土地や家屋を所有している場合には、固定資産税のほかにこの都市計画税がかかります。

●所有者不明土地等に係る固定資産税への対応制度が創設

所有者不明の土地等に係る固定資産税の課題に対応する制度が創設され、令和２年４月からの条例の施行後に現所有者であることを知った人に、令和３年度からの固定資産税について以下の内容が適用されます。

・土地または家屋の登記簿上の所有者が死亡し、相続登記がなされるまでの期間、現に所有している者（相続人等）に対し、市町村の条例で定めるところにより、氏名・住所等必要な事項を申告させることができる。

・調査を尽くしてもなお固定資産の所有者が一人も明らかとならない場合、事前に使用者に対して通知した上で、使用者を所有者とみなして、固定資産課税台帳に登録し、固定資産税を課すことができる。

業権者および砂鉱業権者に課される税金。道府県税の一種。

● PART 3

固定資産税と都市計画税

固定資産税と都市計画税は、毎年1月1日（賦課期日）現在の土地や家屋の所有者に課せられるものです。その課税主体は固定資産の所在地の市町村（東京23区は都）ですので、市町村税となります。通常このふたつを合わせて納税します。

固定資産税・都市計画税の納税義務者

固定資産税とは固定資産、つまり土地や家屋および会社で使っている機械や什器類で、減価償却費が税法上の経費となる償却資産などに対する税金です。

市町村の固定資産課税台帳に、毎年1月1日現在で所有者として登録されている人が納税義務者となります。たとえ、1月2日以降に対象資産を売ったとしても、その年の税金は支払わなければなりません。

課税標準（課税計算のもととなる金額）と計算

固定資産税の税額計算法

課税標準額×税率

1. 固定資産税の課税標準…固定資産課税台帳に登録されている固定資産税評価額
2. 固定資産税の税率…市町村ごとに条例で定められる。標準税率は1.4%。

都市計画税の課税計算

課税標準は固定資産税の場合と同じ。税率の最高限度は0.3%だが、市町村ごとの条例によって、若干の違いがある

基本用語集→ **固定資産税の免税点**…土地については30万円、家屋は20万円、償却資産

固定資産税の住宅用地における課税標準特例措置

住宅のある敷地全体を住宅用地といい、広さによって、小規模住宅用地と、一般住宅用地に分けられ、それぞれに課税標準の減額の措置があります。

1．小規模住宅用地（200m^{2}以下）

課税標準額＝評価額×1／6

2．一般住宅用地（200m^{2}を超える部分）

課税標準額＝評価額×1／3

※空き家等対策の推進に関する特別措置法に基づく勧告の対象となった特定空き家等に係る土地は、住宅用地特例の対象から除外されます。

新築住宅に対する固定資産税の軽減措置

新築された住宅が、以下の床面積の条件を満たす場合には、3年度分（3階建以上の耐火、準耐火構造建築物は5年度分）に限り、120m^{2}までの居住部分について、固定資産税額の2分の1相当額が減額されます。

（床面積の条件）

自己所有の住宅（居住部分）	50m^{2}以上280m^{2}以下
賃貸マンション・アパート	40m^{2}以上280m^{2}以下

●特定認定長期優良住宅の軽減

長期優良住宅普及の促進に関する法律により、一定の基準に適合する特定認定長期優良住宅については、固定資産税について、新築住宅に係る減額特例の適用期間が一般住宅より長期間にわたり設定されています。

戸建て：5年間にわたり2分の1（一般住宅特例では3年間）

マンション：7年間にわたり2分の1（一般住宅特例では5年間）

住宅のバリアフリー改修に伴う固定資産税の特例措置

新築された日から10年以上を経過した住宅のうち、65歳以上の高齢者や

は150万円である。

要介護・要支援の認定を受けている者、障害者等が居住するもの（賃貸部分を除く）について、令和８（2026）年３月までの間に一定のバリアフリー改修工事を行った場合、その翌年度分の固定資産税について３分の１を減額する特例措置が設けられています（床面積、改修工事費などの要件あり）。

●●● 省エネ改修工事に伴う固定資産税の特例措置

一定の省エネ改修工事に伴う固定資産税の特例措置が創設されています。平成26（2014）年４月１日以前からある住宅（賃貸住宅を除く）について、令和８（2026）年３月31日までの間に一定の省エネ改修工事を行った場合、当該家屋に係る翌年度分の固定資産税が３分の１減額されます（床面積、改修工事費などの要件あり）。

●●● 住宅耐震改修に伴う固定資産税の特例措置

昭和57（1982）年１月１日以前からある住宅に一定の耐震改修工事を施した場合、原則として工事完了日の翌年度のその住宅への固定資産税が２分の１減額されます（床面積、改修工事費などの要件あり）。令和８（2026）年３月までの特例措置です。

●●● 固定資産税の負担調整措置

固定資産税評価額は３年に一度見直されますが、３年の間に大きな地価の変動があるかもしれません。

その変化を一度に課税標準に反映させると、税負担が急上昇します。このため、税負担を均衡化させるために、前年度の課税標準をあわせて考えるなどの固定資産税の負担調整措置が講じられています。

令和６（2024）年度から令和８（2026）年度までの間、宅地等および農地の負担調整措置については、商業地等に係る条例減額制度および税負担急増土地に係る条例減額制度を含め、現行の負担調整措置の仕組みが継続されることになりました。これにより、簡易な方法によって価格の下落修正ができる特例措置が継続されます。

基本用語集 ➤ 鉱産税…鉱物の採掘事業を行う者に対して課する市町村税。課税標準は

不動産を売却したときにかかる税金

資産を売ったときの所得である譲渡所得には、所得税や住民税が課せられます。なかでも、土地・建物などを譲渡した場合の譲渡所得には、他の所得と区別して特別な税率を適用する特例が設けられています。これが“申告分離課税”という方法です。

譲渡所得の計算法

土地・建物などの譲渡による所得が譲渡所得です。これは、譲渡による総収入金額から取得費と譲渡費用を差し引いたものを指し、この部分に税金がかかります。

譲渡所得の金額 ＝ 譲渡による総収入金額 － 土地・建物などの取得費 － 譲渡費用

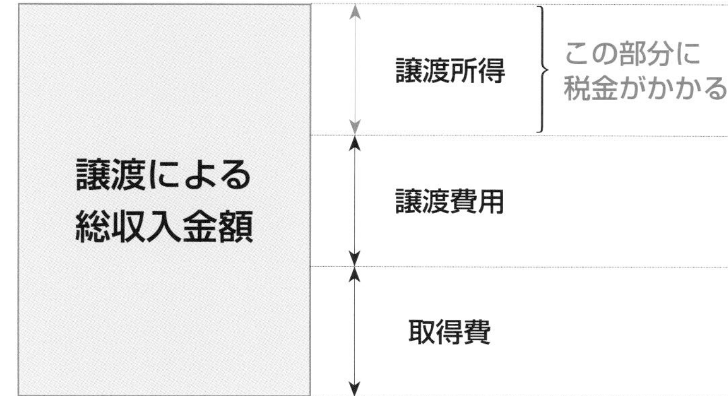

譲渡の収入金額	土地や建物を譲渡した金額
取得費	買ったときの代金や購入手数料、その後にかかった改良費など。ただし、先祖代々引き継がれてきた土地など購入代金がわからない場合は、譲渡の収入金額の5パーセント相当額を取得費にできる 
譲渡費用	売却のためにかかった費用のこと。不動産業者への仲介手数料や測量費、借家人を立ち退かせるために支払う立ち退き料、建物を壊して土地だけを売るときの取り壊し費用など。 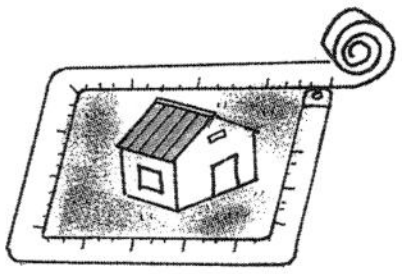

●●● 譲渡所得は短期と長期に分かれる

譲渡所得にかかる税率は、その不動産を所有していた期間によって、５年を境に短期と長期に分かれます。これは所有期間が短い不動産は転売目的で売買して利益を得ている可能性もあり得るためで、長期に所有していた不動産よりも、税率が高くなっています。

その区分は、譲渡の日ではなく、土地・建物を売った年の１月１日現在で判定します。その時点で５年以内であれば短期譲渡所得として、５年超であれば長期譲渡所得として課税されるのです。

（その年の１月１日現在で）

譲渡所得 →	所有期間 5年以下 →	短期譲渡所得
譲渡所得 →	所有期間 5年超 →	長期譲渡所得

基本用語集 → 自動車重量税…届出軽自動車と検査自動車に対して課税される国税。陸

所有期間によって違う税負担

短期譲渡所得　次の表の税率で所得税・住民税が課される。

税の種類	税　　率
所得税※	課税短期譲渡所得金額×30%
住民税	課税短期譲渡所得金額× 9 %

※別途、復興特別所得税が課税される。

長期譲渡所得　次の表の税率で所得税・住民税が課される。

税の種類	税　　率
所得税※	課税長期譲渡所得金額×15%
住民税	課税長期譲渡所得金額× 5 %

※別途、復興特別所得税が課税される。

譲渡所得の特別控除

内容に応じて以下のような特別控除が適用されます。

税の種類	特別控除額
居住用財産の譲渡	3,000万円
収用交換等による譲渡	5,000万円
特定土地区画整理事業等のための土地の譲渡	2,000万円
特定住宅地造成事業等のための土地の譲渡	1,500万円

※重複して受ける場合は、5,000万円が限度
※収用等による譲渡とは、所有者の意思に関わりなく、道路などを作るためなど公共の利益を優先して行われたときのこと

運事務所に印紙で納付する。

土地の譲渡益についての1,000万円の特別控除制度

不動産所得、事業所得または山林所得が生じる業務を行う個人が、平成21、22年中に取得した土地を譲渡した場合（所有期間5年超のものに限る）には、1,000万円の特別控除が適用されます。

（注）土地等が棚卸資産である場合には、本特例の対象とはなりません。

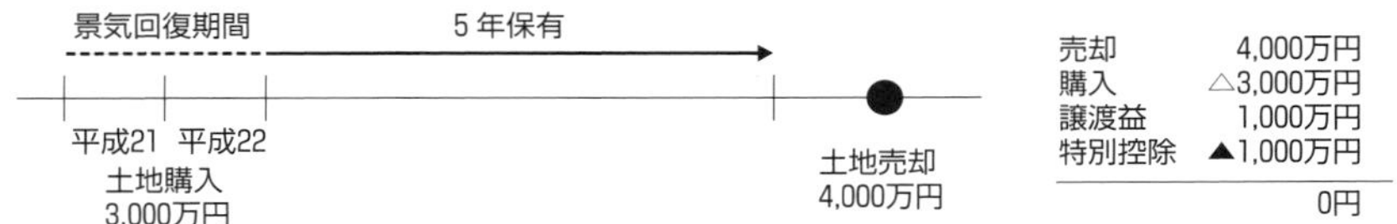

特定居住用財産の譲渡損失の損益通算及び繰越控除の特例

やむなくマイホームを手放すことになった場合に、マイホームを譲渡（売却）して譲渡損失が発生し、住宅ローンが完済できずに賃貸住宅などに住み替えた場合には、特定居住用財産の譲渡損失の損益通算及び繰越控除の特例制度を利用することができます。

これは、令和7（2025）年12月までに、売却した年の1月1日において5年を超えて所有していた居住用財産（譲渡資産）を譲渡（一定の親族等への譲渡を除く）した場合で、売却に係る契約締結日の前日にその譲渡資産に係る一定の住宅ローン残高があり、その年に譲渡資産に関する譲渡損失の金額があるときは、給与所得等と損益通算（一定の住宅ローンの残額からその譲渡資産の譲渡対価の額を控除した額を限度）することができ、それでもなお損失額があるときは、その年の翌年以後3年間は繰越控除することができます（合計所得金額3,000万円以下など、一定の要件があります）。

ONE◆POINT 不動産の所有期間と譲渡の日

不動産の所有期間とは、土地・建物などを取得した日の翌日から譲渡日まで引き続き所有していた期間で、この所有期間の長短によって税金の取り扱いが大きく異なります。また、譲渡の日とは、譲渡所得の基因となる不動産の引き渡しがあった日によりますが、売買契約の効力の発生の日とすることもできます。

基本用語集 自動車取得税…自動車を取得した時にかかる道府県税（東京都も同じ）。

マイホームの売却益が課税されない場合

苦労して手に入れたマイホームを売るのには、なにかよほどの理由があるのでしょう。その上、税金もたくさん払うのでは買い替えることもできません。そんな方のために、3,000万円控除の特例があります。

●●● 3,000万円特別控除が受けられる住居

一定の条件をクリアしたマイホームを売った場合には、その譲渡所得の金額から3,000万円を限度として、特別控除が受けられます。特例が受けられる住居は、個人が住んでいる、以下のような居住用家屋とその敷地（土地や借地権）を譲渡した場合です。

1. **現在、自分が住んでいる家屋と敷地（店舗併用住宅の場合は、居住用に使っている部分に限る。住居部分が９割以上の場合は、全体を居住用とする）**

2. **過去に自分が住んでいた家で、次のようなもの**

・自分は単身赴任などで１人でほかに住んでいるが、配偶者などふつうは一緒に住む家族が、現在住んでいる家屋と敷地

・住まなくなった日から３年後の12月31日までに売却する家屋と敷地

自動車の取得者に課される税金で、令和元年９月30日で廃止された。

3. **上記2の家屋とともに譲渡するその敷地**

4. **家屋を取り壊して譲渡する敷地で、以下の両方の条件を満たすもの**

・取り壊した日から1年以内に譲渡契約を交わし、かつその家に住まなくなった日から3年後の12月31日までに譲渡すること

・取り壊した後、譲渡契約の日までその敷地を人に貸したりしないこと

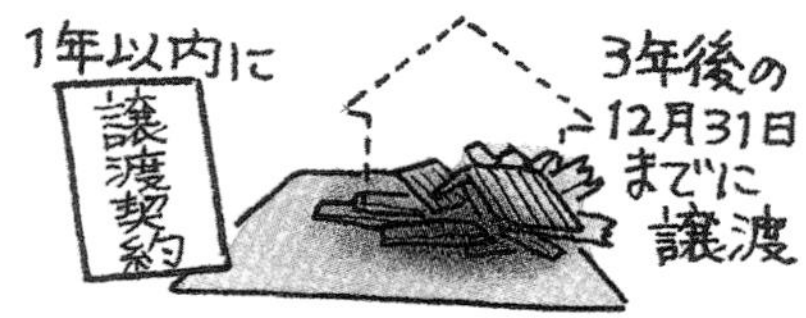

5. **災害により滅失した居住用家屋の敷地を、住まなくなった日から3年後の12月31日までに譲渡した場合。**

●特例が受けられない主な場合

・譲渡先が、配偶者、直系血族、生計を一にする親族、内縁の配偶者、および特殊な関係にある会社などの場合
・その譲渡にあたり、"居住用財産の買換え、交換の特例" "収用等の場合の買換え、特別控除の特例" などの適用を受ける場合
・前年、前々年に、この3,000万円の特別控除か、"特定の居住用財産の買換え、交換の特例"を受けている場合など

※住宅ローン控除などについては、入居した年、その前2年、その後3年以内は受けられません。

●●● 家屋と敷地で所有者が違う場合の控除は

基本的にこの特別控除は、自分の住んでいる家屋とともにその敷地を売った人に対する特例ですので、家屋と敷地の所有者が違う場合には適用されません。しかし、家屋の譲渡所得が3,000万円に満たない場合に、以下の要件をすべて満たしていれば、その満たない分を敷地の譲渡所得から控除することができます。

・家屋とその敷地を同時に譲渡すること
・家屋の所有者と敷地の所有者が生計を一にする親族関係であること
・敷地の所有者が、家屋の所有者とともにその家屋に住んでいること

基本用語集 → **自動車税**…自動車の所有者が毎年納める自動車税（種別割）と新規取得の

所有期間10年を超えるマイホームの譲渡は税率が軽減される

10年以上所有している居住用の建物と土地を売った場合（その個人と特別な関係にある者に対する譲渡は除く）の譲渡益には、一般の長期譲渡所得（135ページ参照）に適用される税率よりも、さらに低い税率が設けられています。

軽減の内容と適用の範囲

個人がその年の１月１日現在で、所有期間が10年を超える建物や土地（土地や借地権）のうち、居住用財産に該当するものを譲渡した場合の譲渡所得は分離課税されます。

1．現在、自分が住んでいる家屋または家屋と敷地で国内にあるもの。
2．過去に自分が住んでいた家屋で、引っ越してから３年後の12月31日までに譲渡する家屋と敷地。
3．譲渡した年の１月１日時点で、所有期間が10年を超えることになるもの。
4．災害により滅失した居住用家屋の敷地を、住まなくなった日から３年後の12月31日までに譲渡した場合。

5．現在、自分が住んでいる、あるいは過去に自分が住んでいた家屋を取り壊したときのその敷地で、次のすべての要件を満たしているもの。

ときに納める自動車税（環境性能割）とがある。

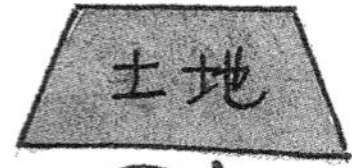

・家屋を取り壊してから譲渡契約の日まで、その土地等を他人に貸したりしていないこと

・取り壊しの日から１年以内に譲渡契約をしていること

・住まなくなった日から３年後の12月31日までに譲渡したもの

・取り壊した年の１月１日時点で、所有期間が10年を超えるもの

●適用が受けられない場合

次のような場合には、適用が受けられません。

・譲渡した年の前年または前々年に、すでにこの特例の適用を受けている場合

・譲渡先が、個人の配偶者、直系血族、生計を一にする者、内縁の配偶者、および特殊な関係にある会社などの場合

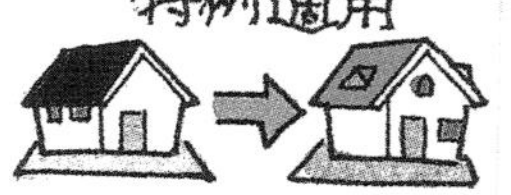

・その譲渡にあたり、“特定の居住用財産の買換え（交換）の特例”“収用等の場合の課税の特例”などの適用を受ける場合

●●● 課税長期譲渡所得の特例税率

所有期間が10年を超える居住用財産についての課税長期譲渡所得は、次の表に示されるような特例税率が適用されます。また、この特例は、マイホーム売却に関する3,000万円の特別控除との併用が可能です。

課税長期譲渡所得金額と税率の範囲

課税長期譲渡所得金額	所　得　税※	住民税
6,000万円以下の場合	10%	4％
6,000万円超の場合	600万円＋（課税長期譲渡所得金額－6,000万円）×15%	5％

※別途、復興特別所得税が課税される。

石油ガス税…課税石油ガスを自動車用石油ガス容器に充てんする者に対

買換え（交換）の特例

子どもは大きくなったし、家財も増えた。そろそろ広いマンションに買い換えたい……。そんな方は、いまのマンションの売却代金よりも高い物件（買換資産）を購入すれば、譲渡益には税金がかかりません。

買換え特例とは

たとえば、いままで住んでいた住居を5,000万円で売ったとします。そして、引っ越し先の住居を6,000万円で購入するとします。

すると、トータルでは1,000万円のマイナスになります。つまり、居住用に財産の譲渡による収入金額が買換（交換）資産の取得した価格以下であれば、その譲渡がなかったものとみなされ、課税されないというのが買換え（交換）の特例です。

もちろん、4,000万円で買い換えた場合には、1,000万円のプラスが出ますので、その分には課税されます。

5,000万円で住居を売り、6,000万円の新居を購入したら（収入金額＜買換資産の取得金額）→譲渡なし

5,000万円で住居を売り、4,000万円の新居を購入したら（収入金額＞買換資産の取得金額）→譲渡あり

特定の居住用財産の買換え等の特例

一定の居住用財産を令和７（2025）年12月までに譲渡（売却）して、代わりに買い換えたときは、一定の要件のもとで譲渡益（売却益）に対する課税を繰り延べることができます。ただし、譲渡益が非課税になるわけではありません。

●主な要件など

- 譲渡資産は譲渡対価が1億円以下であること
- 一定の親族等への譲渡を除く
- 所有期間が譲渡（売却）した年の1月1日において10年超の居住用財産
- 居住の用に供している期間が10年以上
- 一定期間内に買換資産を取得し、一定期間内に居住の用に供すること
- 買換資産の家屋の床面積が50㎡以上、土地の敷地面積は500㎡以下
- 中古住宅の場合は耐震住宅など一定の要件あり

居住用財産の買換え等の場合の譲渡損失の損益通算及び繰越控除の特例

●制度の概要

居住用財産（譲渡資産）を売却し、代わりに居住用財産（買換資産）を取得する場合で譲渡資産の売却に係る譲渡損失額は、給与所得等と損益通算ができ、それでもなお損失額があるときは、その年の翌年以後3年間は繰越控除することができます（合計所得金額3,000万円以下など、一定の要件があります）。

●主な要件など

- 令和７（2025）年12月までに、所有期間が譲渡（売却）した年の１月１日において５年超の一定の居住用財産（譲渡資産）を譲渡（一定の親族等への譲渡を除く）して譲渡損失が発生した場合で、一定期間内に一定の居住用財産（買換資産）を一定の住宅ローンにより取得したもので、自己の居住用である場合

空き家に係る譲渡所得の特別控除の特例

被相続人の居住の用に供していた家屋を相続した相続人※1が、相続時から

基本用語集 → 石油石炭税…原油、石油ガス、輸入石油製品および石炭が課税物件。そ

3年を経過する日の属する年の12月31日までにその家屋または家屋を取壊し後の土地を譲渡（一定の親族等への譲渡を除く）したときは、その家屋または取壊し後の土地の譲渡益から3,000万円※2を控除できます。その家屋が耐震性のない場合は、耐震リフォームをしたものに限り、その敷地を含みます。なお、平成31（2019）年4月より被相続人が老人ホーム等に入居していた場合も一定の要件のもとで適用されます。

※1　令和6（2024）年より、一定の場合、買い主が実施する工事が適用される。
※2　令和6（2024）年より、相続人の数が3人以上の場合は、2,000万円となる。

・主な適用要件
　①相続した家屋は、昭和56年5月31日以前に建築された家屋（マンション等を除く）であって、相続発生時に被相続人以外に居住者がいなかったこと
　②譲渡した家屋または土地は、相続時から譲渡時点まで居住、貸し付け、事業の用に供されていたことがないこと
　③譲渡価額が1億円を超えないこと
・適用時期…平成28年4月1日から令和9（2027）年12月31日まで

低未利用地の活用促進

低未利用地※を個人が譲渡（親族間の譲渡を除く）した場合には、低未利用地の譲渡益から100万円を控除することができます。

・主な適用要件
　①譲渡価額がその上にある建物等を含めて500万円以下（一定の場合は800万円以下）の譲渡であること
　②所有期間が譲渡した年の1月1日において5年を超えること
　③その低未利用地が都市計画区域内にあること
　④低未利用地であったこと及び譲渡後の土地の利用について市区町村による確認が行われたこと
※低未利用地：居住用、事業用その他の用途に供されておらず、またはその利用の程度が周辺の地域における同一の用途もしくはこれに類する用途に供されている土地の利用の程度に比べて著しく劣っていると認められる土地。
・適用時期…令和2（2020）年7月1日から令和7（2025）年12月31日までの間に譲渡を行った場合

の採取者、引取者に課される。

● PART 3

共有名義のマイホームを売ったときの特例

マイホームを売ったことによる課税の特例については、夫婦共有などの場合でも基本的に同じですが、ここでは特殊な場合などを想定して説明します。原則として、それぞれが特別控除など、課税の特例が適用されます。

●●● 特別控除などの適用

土地や建物を売ったときの譲渡所得の計算は、その収入金額からその土地や建物の取得費と譲渡費用を差し引いた金額が課税対象の基礎となる譲渡所得となります。共有名義の場合は、その持ち分で計算します。

（例）夫の持ち分が10分の４、妻が10分の６の場合（譲渡代金１億円とする）

夫	妻	
4,000万円	6,000万円	………… 譲渡所得、取得費 譲渡費用は按分する
− 3,000万円	− 3,000万円	……… 特別控除3,000万円はそれぞれから控除

また、相続でもらったマイホームを兄弟共有名義で、かつ兄弟がともに居住している場合、そのマイホームを売却してそれぞれが別々に新しいマイホームを取得した場合、兄弟がいずれも特例を受ける要件を満たしていれば、それぞれに特別控除が認められます。

●●● 土地の持ち分と建物の持ち分が異なるとき

建物の持ち分が、夫が３分の１で、妻が３分の２、土地の持ち分は、夫が３分の２で、妻が３分の１のマイホームを売った場合、夫も妻も居住用財産の特別控除の特例などの適用を受けられます。

この例では、全体の譲渡代金を建物部分と土地部分に分け、建物・土地それぞれの持ち分を区分して譲渡代金を計算し、取得費も建物・土地それぞれ

基本用語集 地価税…土地等の保有に対しての国税。土地等を保有している個人およ

に計算することになります。

また、土地を兄弟が共有で所有している同一敷地内に、それぞれが単独名義で独立した建物を所有している場合であっても、それらの土地・建物を一括して売った場合は居住用財産の特別控除などの適用は受けられます。

●居住していない人は適用されない

姉妹が２分の１ずつの共有名義で土地・建物を所有している場合において、姉はそこに居住しており、妹は別の所に生活の拠点がある場合、その土地・建物を売ったときの控除は、姉には特別控除が適用されますが、妹は短期譲渡所得か長期譲渡所得となります。仮に年老いた親を姉妹が交代で面倒を見ており、妹も時には泊まりがけで看病するような事情があっても、居住していないということで適用されません。

なお居住しているかどうかの判定は、譲渡した時点の状況によります。

ONE◆POINT　居住と認められない場合

古い家を取り壊し新しい家を建てるため、簡易な仮住居を別の場所に建て、一定期間生活した後、新築した家屋に引っ越しし、仮住居の家屋と敷地を売却した場合、居住用財産の特別控除などは適用されません。これは、一時的に利用したにすぎない家屋は、該当しないという理由からです。また、居住用財産の特別控除の特例の適用を受けるためのみの目的で入居したと認められる家屋も適用されません。

び法人が納税義務者となる。地価税は現在、停止されている。

土地活用のシステム “等価交換方式”

物の価値を評価するのは、大変難しいものです。しかし、一般に物々交換が成立するためには、お互いの持ち物の“価値が同じ”という評価の基準が必要です。土地についても税法上の考え方に基づいて、交換についても基準が設けられています。

“等価交換方式”とは

よく耳にする等価交換方式とは、土地の有効活用のシステムのひとつのことです。たとえば、あなたが土地をもっているとします。しかし、それを有効活用するだけの資金がない場合に、マンション業者などのデベロッパーと組むのです。

あなたは土地を提供し、デベロッパーはその上にマンションを建設します。完成後は、その土地の代金に見合っただけのマンションの部屋を区分所有できる。これが等価交換方式です。

“等価交換方式”でも原則課税

等価交換方式をとると、表面上は金銭の授受がないために、課税がなされないような感じがしてしまいます。しかし、たとえこの方式をとったとしても、原則的には課税がなされますので、注意してください。

資産を売る際の譲渡所得に課税がなされるのは、所有者交代にあたって、その所有期間中の“値上がり益を清算する”という意味もあるのです。ですから、たとえ金銭を抜きにして交換した場合であっても、基本的には自分の所有物をいったん売却し、その代金で新しいものを購入した、と考え、その売却益には課税されます。

しかし一定の要件を満たす交換については、計算上であっても金銭のやり取りがない（少ない）ため納税が困難と判断して特例が設けられています。

基本用語集 → とん税…流通税の一つ。外国貿易船舶が日本の港に入港した時に課され

固定資産を交換する場合の課税の特例

①交換しようとする資産が、１年以上所有したものであること
（交換のために取得したものではない）
②交換しようとする資産が同じ種類の資産であること
（土地↔土地、土地↔借地権、建物↔建物）
③交換した資産を交換前と同じ用途に使うこと
（土地↔宅地・田畑・山林など、建物↔居住用・店舗用・工場用など）
④交換する資産の価額の差がいずれか高いほうの20%以内であること

①から④までのすべての  要件を満たす場合であれば

譲渡はなかったものとみなされる

土地等の中高層耐火建築物等の建設のための交換

人口が集中しているような既成市街地域は、住宅を中高層化して住宅を確保するための特例があります。

①特定民間再開発事業の用に供するための土地建物など（不動産業者等が有し、棚卸し資産となるものを除く）	を	その土地の上に建築された中高層耐火建築物（地上３階以上の耐火建築物をいう）	と交換した場合

または

②①の規模までいかなくても既成市街地等にある土地建物など	を	その土地の上に建築された一定の耐火共同住宅	と交換した場合

このとき ⬇

交換した土地の収入金額	＞	取得価額	の場合

超える部分に対応する部分について譲渡所得税が課税される

交換した土地の収入金額	≦	取得価額	の場合

譲渡所得税は課税されない

る国税。船長が納税義務者で、船舶のトン数を課税標準とする。

COLUMN ● 税務署と地方税

税金は、大きく国税と地方税に分けられます。国税に関する制度の調査、企画、立案は財務省主税局が担当し、その賦課徴収は、国税庁、国税局、税務署が担当します。地方税を統括するのは総務省の自治税務局で、地方税制の企画、立案や指導、法定外普通税の新設、または変更を行う場合の協議および同意などの仕事をしています。

◆国税庁

財務省の外局である国税庁は、国税局や税務署を指導監督する立場にあり、税務を執行するための企画、立案や税法の解釈を統一するための通達作成などの仕事をしています。

現在、国税庁のもとには11の国税局と沖縄国税事務所、500を超える税務署があります。このほか、国税庁の特別の機関として、納税者の不服の審査にあたる国税不服審判所、税務職員の養成機関である税務大学校があります。

国税局は、税務署を指導監督すると共に大法人（資本金1億円以上）の調査や、いわゆるマルサといわれている査察などや大口の滞納整理など、自ら賦課徴収も行っています。

◆税務署の役割

税金は、すべての税務署で扱っているように思われがちですが、固定資産税のような地方税は、税務署では扱いません。

税務署には、税務署長のもとに、事務を統括する総務課、納税の徴収や管理を担当する管理徴収部門、課税を担当する個人課税部門、法人課税部門があります。税務署には管轄区域があって、個人にあっては原則として居住地の税務署が担当するようになります。

◆地方税の事務構造

地方税は、都道府県や市町村が課税する税金です。都道府県には、税務課があり、条例規則などの企画、立案、指導などを行います。納税者と直接接触する窓口はそれぞれの都道府県に行政区割り単位に県（都道府）税事務所が設けられています。

市町村については市役所、区役所、町村役場に税務課があり、市町村税の賦課徴収を行っています。

PART 4

相続・贈与にかかわる税金

● PART 4

相続のあらまし

人が亡くなると、その財産は相続人によって取得されますが、人に欲望がある限り、遺産をめぐるトラブルは絶えることがないのでしょうか？　亡くなった方が安らかに眠れるように、相続についての事柄は民法にキチンと定められています。

相続人と法定相続分

●相続人とは

遺産を相続する人を“相続人”、亡くなって財産を残す人を“被相続人”といいます。相続人になるのは次のような人たちです。

・被相続人の配偶者……生存しているかぎり、つねに相続人となる
配偶者と、以下の人たちが①②③の順番で相続人となる
①被相続人の子
②被相続人の直系尊属（父母、祖父母のこと）……被相続人の子がいない場合
③被相続人の兄弟姉妹……被相続人の子や直系尊属がいない場合

原則として、配偶者や子、直系尊属など民法に定められている相続人を法定相続人といいます。しかし、基礎控除額などの計算では、相続の放棄をした人も含めますが、養子には次の制限があります。

被相続人に実子がいる場合
……養子のうち１人のみを計算に入れる
被相続人に実子がいない場合
……養子のうち２人のみを計算に入れる

基本用語集 → 相続税…相続、遺贈、および死因贈与によって財産を取得した個人に対

●法定相続分とは

相続人がひとりではなく何人もいる場合は、民法によってそれぞれの相続分が決められています。しかし、必ずしもそれにしたがった割合で相続しなければならないわけではありません。

民法に示されている法定相続分は以下のようになっています。

●配偶者と被相続人の子が相続人の場合

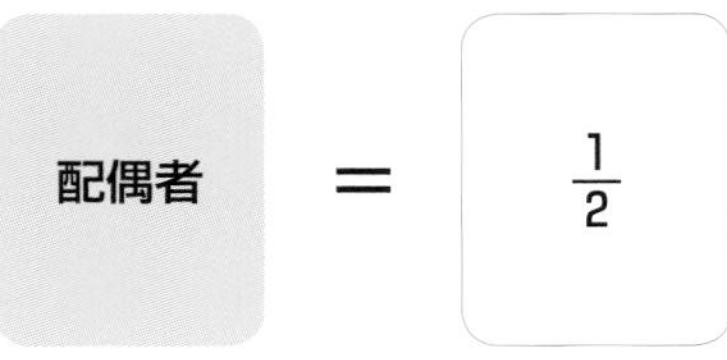

※子が複数いる場合は、２分の１をそれぞれ等分する

●配偶者と被相続人の直系尊属が相続人の場合

※父母の双方または一方がいるときは、祖父母は相続人とならない。

※直系尊属が複数いる場合は、３分の１をそれぞれ等分する

●配偶者と被相続人の兄弟姉妹が相続人の場合

※兄弟姉妹が複数いる場合は、４分の１をそれぞれ等分する

●子や直系尊属、兄弟姉妹がそれぞれ数人いるとき

※それぞれの相続分を、均等に分けて相続する

子が２人の場合  子の法定相続分 $=\frac{1}{2}$ ÷ 2（人数） = $\frac{1}{4}$ ➡ 子ひとり分の法定相続分

して、その取得財産の価額が課税標準となって課される国税。

相続ケースバイケース

・内縁関係の夫婦の場合

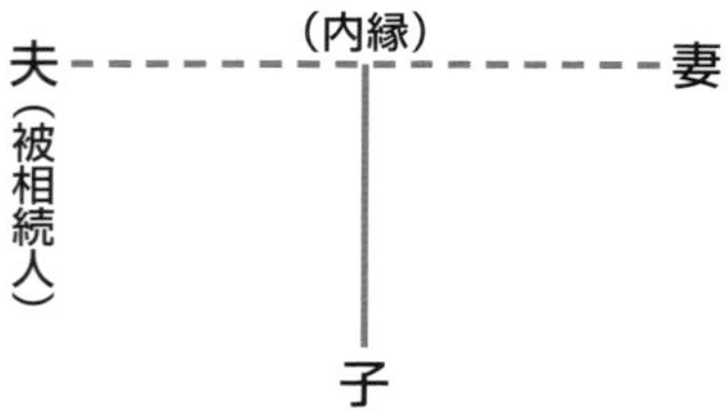

相続人になれる配偶者は、婚姻届を出している法的に正式な夫婦関係にある場合だけである。内縁関係の場合には、相続人になれない。被相続人の死亡前に離婚しているときも同様。

また、子どもについては法的な夫婦間に生まれていなくても、認知されていれば相続人になれる。

・孫が相続できる場合

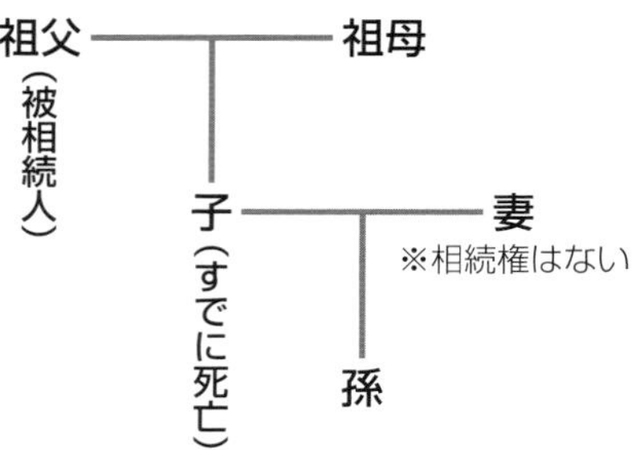

子が被相続人によりさきに、自己の子を残して死亡していたときは、先に死んだ者が相続すべきであった部分をその子（被相続人の孫）が引き継ぐことになる。これを代襲相続という。例の場合では、祖母と孫が半分ずつ相続することになる。また、相続人になった兄弟姉妹が先に死亡していたならば、そのおい・めいが代わって代襲相続人になる。

・先夫の子どもに相続権はあるか

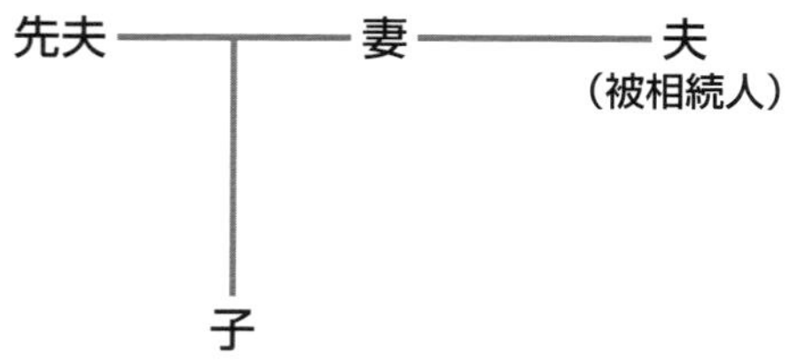

先夫との間にできた子は、被相続人との子ではないので、相続人にはなれない。その子に相続させたいのであれば、被相続人との間で養子縁組をするか、遺言によって指名することになる。

子が被相続人と先妻との間の子であれば相続人となる。

・愛人との間の子は相続人か

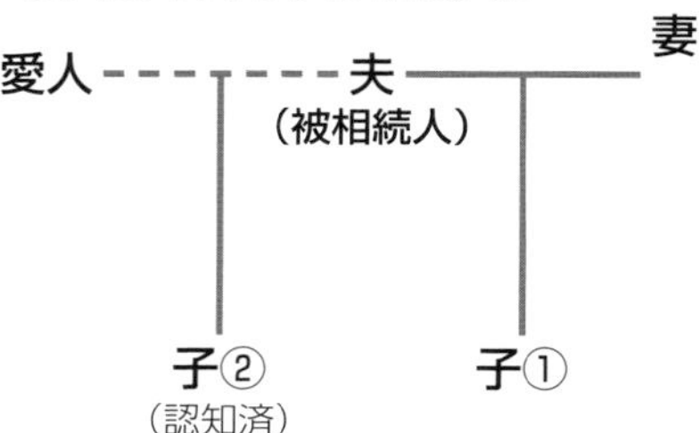

結婚している男女の間に産まれた子を嫡出子（ちゃくしゅつし）という。一方、結婚していない場合が“非嫡出子”である。これまで、認知されている非嫡出子の相続分は、嫡出子の２分の１であったが、最高裁がこれを違憲とし、嫡出子と非嫡出子は均等とされた。

基本用語集→物納…相続税を金銭以外の財産で納付すること。物納できる財産は、国

相続税を納める人と申告手続き

相続税の納税義務者と課税価格

相続税を納めなければならない人とは、課税財産の取得者（相続人または受遺者）のことです。

相続税の課税価格は、相続または遺贈により取得した価格から、取得者が負担した被相続人の葬式費用および承継した債務の金額を控除した金額となります。

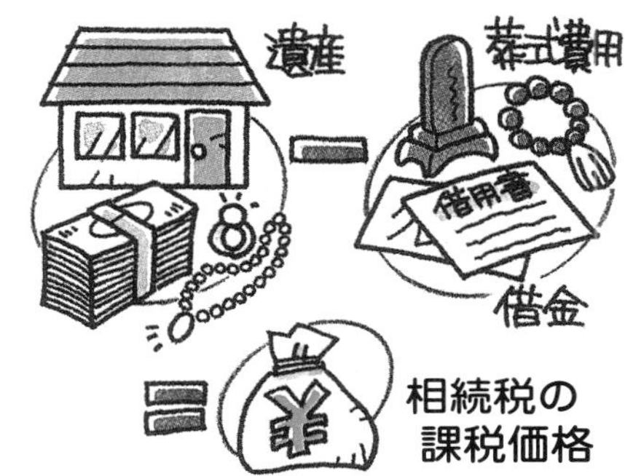

申告方法

課税財産の総額から、課税財産にかかわる基礎控除額（→p.154）を引いてもまだ残りがあった場合、相続のあったことを知った日の翌日から10か月以内に、被相続人の住所地の税務署に申告します。

納税方法

相続税は、現金で一度に納付することが原則です。しかし、地価高騰などの理由でそれが困難な場合もあるでしょう。そうしたときには、例外的に分割による納付（延納）や、金銭以外の財産による納付（物納）も認められています。

ONE◆POINT　準確定申告

所得税等を申告すべき人が、年の途中で亡くなった場合に、相続人はその全員の連名により、被相続人が死亡した日の翌日から４か月以内に、税務署に確定申告をします。これを準確定申告といいます。

債、地方債、不動産・船舶、社債・株式等、動産である。

● PART 4

相続税のしくみ

相続人が明らかになったら、次は遺産がどれだけあるのかを把握しましょう。正味遺産額が基礎控除額以下であれば、相続税はかかりません。要らぬ心配をしないためにも、確認は早めにしておきたいものです。

相続税のしくみ

各人の課税価格の計算方式は次の計算式によります。

相続財産＋みなし相続財産－債務控除－葬式費用

↓

各人の課税価格 ＝ 課税価格の合計

●課税遺産総額

課税価格の合計－（遺産にかかる基礎控除額）＝（課税遺産総額）

〔遺産にかかる基礎控除額＝ 3,000万円＋ 600万円×法定相続人の数〕

●各人の法定相続分に応じた取得額

課税遺産総額×（民法に規定する相続人の相続分）＝（各相続人の法定相続分に応じた取得額）

●相続税の総額

各相続人の法定相続分に応じた取得額×（相続税の税率）＝（相続税の総額）

基本用語集 遺産分割協議書…被相続人の遺産を相続人全員で遺産について分割協議

●各相続人の相続税

相続税の総額×（各人の課税価格／課税価格の合計額）＝（各相続人の相続税額）

●納付すべき相続税

各相続人の相続税額 －（配偶者の税額軽減※ 未成年者控除 障害者控除 贈与税控除額）＋（１親等・配偶者以外の者相続税額の２割加算）＝ 各人の納付すべき相続税額

※配偶者の税額軽減については157ページ参照。

●相続税がかからない範囲

課税価格の合計額が遺産にかかる基礎控除額以下であれば、課税遺産総額がないわけですから、相続税がかからないことになります。

相続税の計算

相続税の課税価格の合計が１億1,800万円、相続人が配偶者、子２人（長男21歳、次男８歳）の場合で計算してみます。

●各相続人の納付税額計算例

課税遺産総額＝１億1,800万円－4,800万円（基礎控除額→p.154）＝7,000万円

相続税の総額 ①＋②＝925万円
- ①配偶者分7,000万円×$\frac{1}{2}$×20%－200万円※＝500万円
- ②長男･次男分(7,000万円×$\frac{1}{2}$×$\frac{1}{2}$×15%－50万円)※×２人＝425万円

※185ページ参照。

●配偶者（課税価格5,900万円）の税額

➡配偶者の税額軽減で、配偶者の法定相続分相当額か１億6,000万円のいずれか多い方の金額まで非課税。取得額5,900万円なので相続税は０円

●長男（21歳、課税価格2,950万円）の税額

➡925万円×$\frac{2{,}950万円}{5{,}900万円+2{,}950万円+2{,}950万円}$≒231.25万円

●次男（８歳、課税価格2,950万円）の税額（→P.158参照）

➡未成年控除が適用される

231.25万円－100万円＝131.25万円（未成年者控除は18歳※までの１年につき10万円なので、10年×10万円＝100万円となるため）

※令和４（2022）年４月より18歳となった。

した結果を証するために、作成するもの。

● PART 4

税額控除

相続税の計算は、相続人それぞれが実際に受け取った財産に応じて、相続税の総額を分割して額を決定します。しかし、被相続人の配偶者の場合や、相続人が障害者、未成年者であるときなどは、一定の税額控除が設けられています。

贈与税額控除

相続や遺贈により財産を受け取った人が、被相続人の死亡前3年以内※に、被相続人から贈与（暦年課税）により財産を受け取っていた場合は、その贈与財産の価格を相続財産の課税価格に含めて、相続税額を計算することになっています。

しかし、そのまま相続税を計算すると、同じ財産に贈与税と相続税が二重にかかってしまうことになります。そこで、課税価格に含めた贈与財産についてすでに贈与税が課されているときは、贈与税額を相続税額から控除することになっています。

これを“贈与税額控除”といいます。

※暦年課税における加算期間は、令和6（2024）年より、受けた贈与より移行期間を経て順次延長し、7年となります。加算期間が7年となるのは令和13（2031）年1月以降です。また、延長した4年間に受けた贈与については、総額100万円まで相続財産に加算しません。

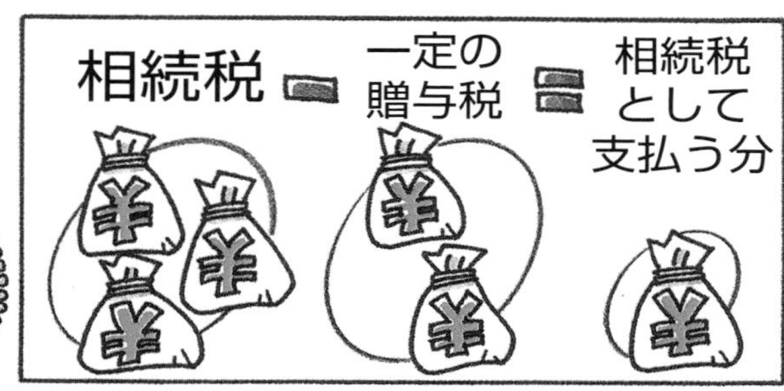

基本用語集 受遺者…法定相続人でないが、遺言や契約により、被相続人の死亡を原

配偶者の税額軽減

被相続人の配偶者が相続または遺贈により財産を取得した場合には、所定の算式で計算した税額が控除できます。これが“配偶者に対する相続税額の軽減”です。

この配偶者の税額軽減は、遺産総額の配偶者の法定相続分相当額か１億6,000万円か、いずれか多い金額の範囲内で相続により配偶者が財産を取得する限り、相続税はかかりません。

配偶者ならば、たいていの場合、被相続人の財産形成に貢献しているはずです。また、残された配偶者の生活にも配慮しなければなりません。そのために設けられているのです。

ただし、他の相続人などとの間で、分割されていない財産については適用されませんが、相続税の申告期限から３年以内に分割される場合は、所轄税務署長の承認を受けて、その分割がされたときに更正の請求により、軽減の適用を受けることができます。

因として財産を取得する人がいる。これを受遺者という。

未成年者控除

相続または遺贈により財産を取得した者が満18歳※未満の法定相続人であるときには、その者が満18歳※になるまでの年数１年につき、次の算式で計算した金額を相続税額から控除することができます。

※令和４（2022）年３月までは20歳。

未成年者が、成人するまでの養育費や教育費が考慮されているわけです。

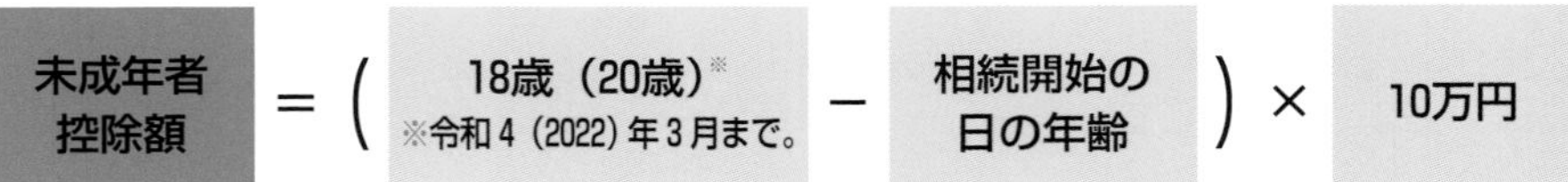

※１年未満の端数は１年として計算する。

障害者控除

相続または遺贈により財産を取得した者が障害者かつ法定相続人であるときには、その者が満85歳になるまでの年数につき、次の算式で計算した金額を相続税額から控除することができます。障害のある人が、85歳に達するまでの生活費などを配慮して設けられています。

※１年未満の端数は１年として計算する。

基本用語集 遺贈…遺言によって財産の一部もしくは全部を他人に無償で与えるこ

相次相続控除

たとえば、半年前に父親が亡くなり、その相続人である母親が続けて3か月前に亡くなったとします。すると、この半年間で同じ財産に対して、2回も相続税がかかってしまうわけです。

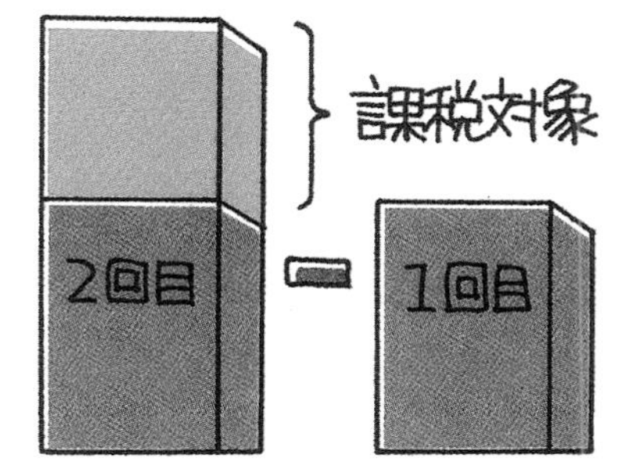

不幸が10年以内に続いた場合には、こうした不自然な課税に対する配慮がなされています。前回の相続（第一次相続）に払った相続税のうち全部または一部を、今回の相続（第二次相続）で払う相続税から差し引くことができます。

これを、相次相続控除といいます。

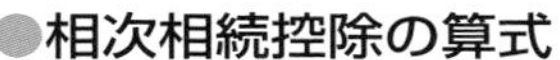

●相次相続控除の算式

$$\text{相次相続控除額} = A \times \frac{C}{B-A} \times \frac{D}{C} \times \frac{10-E}{10}$$

A：第二次相続の被相続人が第一次相続によって取得した財産について課税された相続税額
B：第二次相続の被相続人が第一次相続によって取得した財産の価額
C：第二次相続によって相続人および受遺者が取得した財産の合計額
D：第二次相続によってその相続人が取得した財産の価額
E：第一次相続の開始のときから第二次相続開始のときまでの期間に相当する年数（1年未満の端数は切り捨て）

ONE◆POINT 外国税額控除

外国にある財産を相続または遺贈によって取得したため、その財産に対して相続税に相当する税金が外国で課せられている場合には、その者の相続税額から、外国にある相続財産に対して課税された一定の金額を外国税額控除として控除されます。

と。遺贈をする者を遺贈者、遺贈を受ける人を受遺者という。

● PART 4

生命保険金や退職手当金に対する相続税は？

相続税は、被相続人から相続や遺贈によりもらったすべての財産に課税されます。また、生命保険金や退職手当金などは、被相続人から直接もらうものではありませんが、"みなし相続財産"として課税されます。

受け取った保険金の区別

被相続人の死亡により相続人が受け取った生命保険契約の保険金には、相続税が課税されます。しかし、その保険料をだれが負担していたかによって、適用される税金の種類が変わってきます。

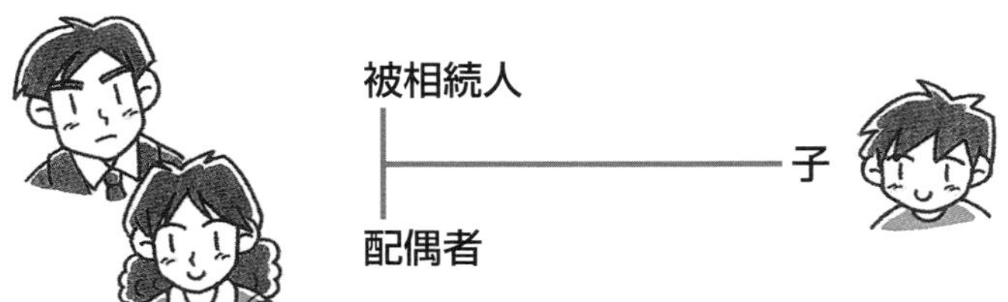

保険料負担者	被保険者（死亡者）	保険金受取人	課税を受ける人	課税される税金
夫	夫	妻	妻	相続税
妻	夫	子	子	贈与税
妻	夫	妻	妻	所得税（一時所得）

基本用語集 → 死因贈与…贈与者の死亡によって効力を生ずる贈与の契約。死因贈与に

●相続税が課税される場合

被相続人が被保険者として保険料を負担していた場合は、保険会社から支払われる保険金は相続財産とみなされて、課税の対象となり、次の非課税限度額を超える金額について相続税がかかります。

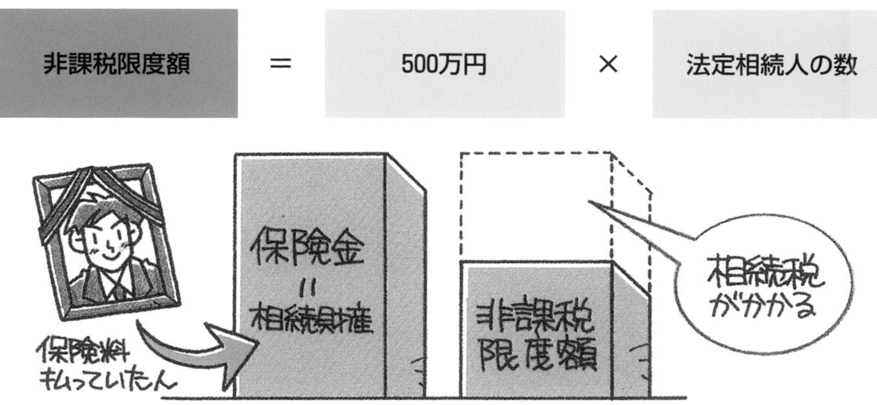

●贈与税が課税される場合

被保険者（被相続人）、保険料の負担者及び保険金の受取人がすべて異なる場合は、保険金を受け取った人は保険料を負担していた人から贈与により受け取った形になり、贈与税の対象となります。

●所得税が課税される場合

また、被相続人を被保険者として、被相続人以外の人が保険料を負担していた場合は、保険会社から支払われる保険金は、一時所得として所得税の対象となります。なお、一時所得は、次の計算式により所得を計算します。

死亡退職金に対する課税

サラリーマンが死亡すれば、勤めていた会社などから遺族に対して退職金、功労金などが支払われるでしょう。被相続人に支給されるべきであった退職金や功労金が次の非課税限度額を超える場合には、“みなし相続財産”として相続税の対象になります。

非課税限度額 ＝ 500万円 × 法定相続人の数

基本用語集→みなし贈与財産…実質的に贈与と同様な経済的効果をもつ財産。みなし

弔慰金、香典についての取扱い

弔慰金

被相続人の死亡により勤めていた会社から遺族に対して支払われる弔慰金や花輪代、葬祭料などは、すべて“弔慰金”に含められますので、相続税の対象にはなりません。

ただし、下記の金額を超える場合、その超える部分は退職金として取り扱われます。

業務上の死亡である場合

死亡時の普通給与（賞与は除く） × 36か月

業務上の死亡でない場合

死亡時の普通給与（賞与は除く） × 6か月

香典

被相続人の死亡により葬式の際に受け取る香典は、社交上必要なもので社会通念上において相当な金額であるものについては、相続税や贈与税の対象にはなりません。

ONE◆POINT　相続税の申告はいつ誰がするのか

相続税の申告は、亡くなった被相続人の死亡時の住所を管轄する税務署に、相続人が連名で申告書を提出します。相続税の申告期限は、相続開始の日（死亡した日）の翌日から10か月以内です。

● PART 4

小規模な住宅用地や事業用地の特例

相続税における宅地の評価で、相続人等が相続や遺贈によって取得した住宅用宅地等のうち330m^{2}までの部分については、一定の減額をして相続税の課税の対象となります。

小規模宅地等の軽減とは

地価高騰を背景に、大都市圏を中心として相続した土地の評価が高くなり、相続税の税負担が重くなってきました。そこで小規模宅地について相続税の課税価格を軽減させる制度が設けられました。これを小規模宅地等の軽減制度といいます。

小規模宅地等の減額制度……被相続人が事業や居住の用に供していた宅地等を、その被相続人と生計を一にしていた被相続人の親族が引き続き居住または事業を継続したときは、これらの宅地等のうち、330m^2（平成26年12月まで240m^2）までの部分の一定の割合を減額して課税することです。

小規模宅地等の減額割合

小規模宅地等の減額割合については、相続人等による居住または事業の継続要件が付けられ、平成22年４月から大幅な見直しが行われました。

※別居親族であっても一定の場合には適用になる場合があります。

- 相続人等が相続税の申告期限まで居住または事業を継続しない宅地等の適用が廃止されました（従前200m^{2}まで50%減額）。
- １つの宅地等について共同相続があった場合には、取得した人ごとに適用要件を判定します。
- 一棟の建物の敷地として使用していた宅地等のうちに特定居住用宅地等の要件に該当する部分とそれ以外の部分がある場合には、部分ごとに按分して減額割合を計算します。

基本用語集 → **贈与税（暦年課税）の基礎控除**…贈与を受けた財産価格からの基礎控除

●特定居住用宅地等が複数存在する場合には、主として居住用に使用されていた1つの宅地等に限られることが明確化されました。

●小規模宅地等の減額割合に関する継続要件の導入

			平成22年3月まで	平成22年4月より
宅　地　等		上限面積	減額割合	減額割合
居住用	居住継続	330m^2※	▲80%	▲80%
	居住非継続	200m^2	▲50%	0％（廃止）
事業用	事業継続	400m^2	▲80%	▲80%
	不動産貸付業継続	200m^2	▲50%	▲50%
	事業非継続	200m^2	▲50%	0％（廃止）

※居住用宅地等の上限面積は平成26年12月まで240m^2であった。

●居住用と貸付用がある場合の小規模宅地等で、継続要件を満たした場合の減額割合

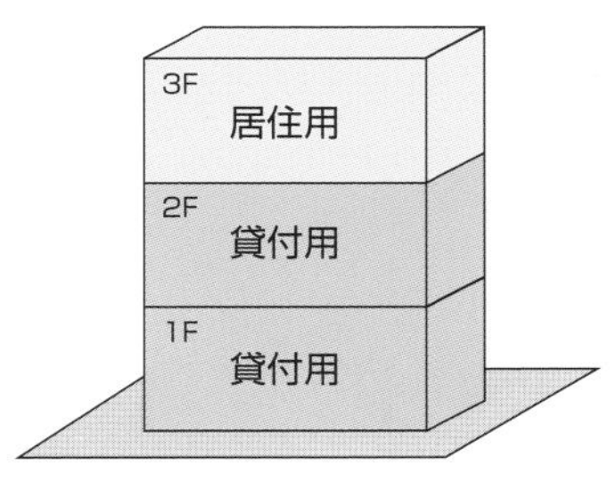

	改正前	改正後（平成22年4月より）
用途	減額割合	減額割合
居住用	▲80%	▲80%
貸付用	▲80%	▲50%

●相続開始前3年以内に貸し付けを開始した不動産については、小規模宅地の特例の対象から除外（ただし、事業的規模で貸し付けを行っている場合を除く）します。

●相続開始前3年以内に事業の用に供された一定の宅地等については、特定事業用宅地に該当しないこととします。

● PART 4

亡くなった人に借金があった場合

相続とは、被相続人の財産に関する一切の権利や義務をすべて引き継ぐ、ということです。預貯金や不動産（積極財産）ばかりならよいのですが、多額の借金つまり債務（消極財産）などがある場合は？

相続の承認と放棄

単純承認

ふつう、財産の相続後の３か月間、なにもしなければ財産についてはこの単純承認があったものとみなされます。

つまり、なにもしないと被相続人の財産に関するすべての権利義務の継承を、無条件で認めたことになるのです。

債務がない場合や、債務より遺産が多い、つまり相続財産がプラスになるときは、一般にこの方法によると思います。

基本用語集 延納…税金を期限内に納められない場合、一定期間納付を繰り延べる制

●限定承認

相続とは、前述の通り“一切をすべて”ということですから、遺産のうちほしいものだけとか、債務は要らないけど、遺産だけはもらう、などの都合のいい引き継ぎ方はできません。

ただし、遺産と債務のどちらが多いかよくわからない場合などは、被相続人から承継する相続財産の範囲内で、被相続人の債務の支払いをする、という留保限定つきの相続は可能です。

これを限定承認といいます。限定承認をするには、相続開始から3か月以内に相続人全員の了承を受けたうえ、家庭裁判所に申述する必要があります。

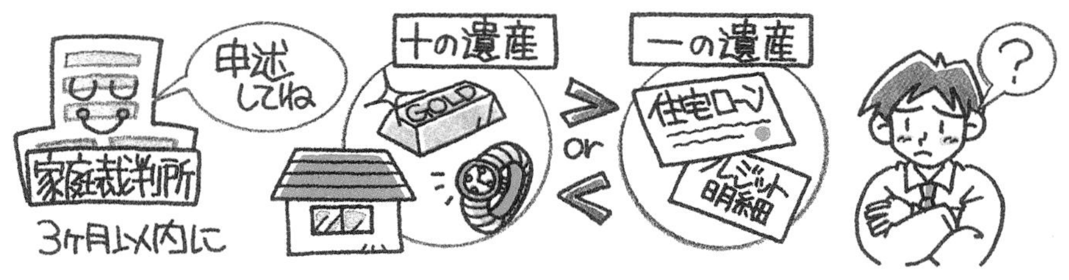

●放棄

明らかに遺産より債務のほうが多い場合、相続しても借金が増えるだけ、というような場合には、相続をしない自由も認められているので、相続権を放棄することができます。放棄するには、相続開始から3か月以内に家庭裁判所に申述しなければなりません。

放棄をした人は、最初から相続人にならなかったものとされますので、債務返済の責めを負うことがない代わりに、遺産の取得もできません。

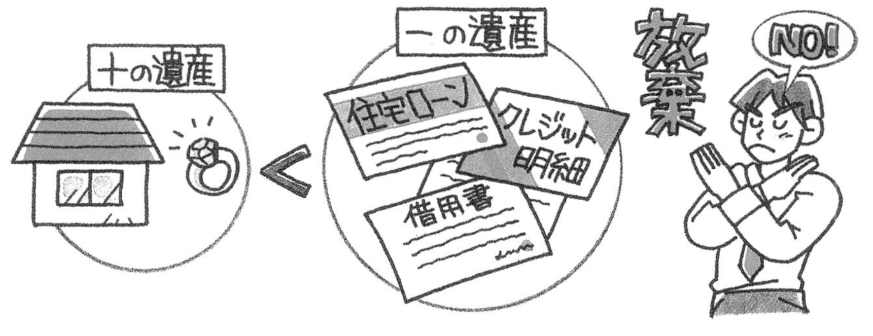

度。現在、所得税、相続税、贈与税等について認められている。

債務控除

相続税の計算では、次の要件に該当する被相続人の債務などがあれば、取得した財産の価格から控除できます。

●被相続人の債務で、相続開始の際に確定しているもの

借入金、未払い医療費、未払い税金など

●被相続人にかかる葬式費用

●葬式費用に含まれるもの 葬式や葬送の際、またはこれらの前において、埋葬や火葬、納骨その他に要した費用（仮葬式、本葬式を含む）

葬式に際し、施与した金品（被相続人の職業、財産などに照らして相当程度のもの）

葬式前後に通常かかる費用で相当のもの

死体の捜索または死体（遺骨）の運搬に要した費用

●葬式費用に含まれないもの

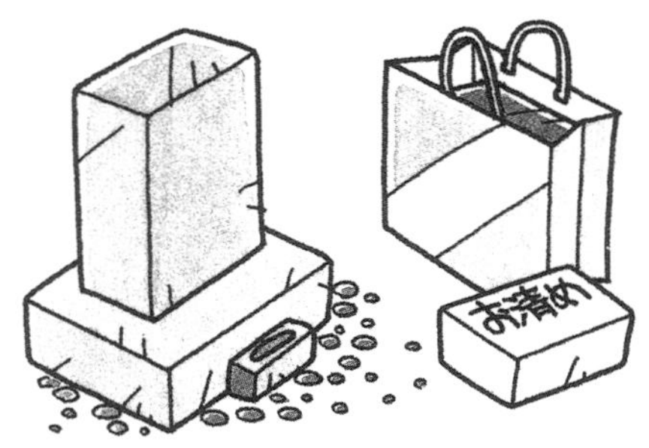

香典返しの費用（香典は非課税のため、葬式費用にはならない）

墓碑、墓地の購入費や墓地の借入れ料（墓地などは非課税財産のため、葬式費用にはならない）

初七日、四十九日など法会にかかる費用

医学、または裁判上特別に要した費用

延滞税…本税を申告期限までに納付しないと、未納税金額に対し延滞税

相続税の非課税財産

次のような財産を相続または遺贈により取得したとしても、相続の課税価格には算入されないので、相続税はかかりません。

- 墓地、墓石、霊廟、祭具、仏壇、仏具、神棚など
- 生命保険金のうち、500万円に法定相続人の人数をかけた金額
- 退職手当金のうち、500万円に法定相続人の人数をかけて得た金額
- 相続税の申告期限までに、国や地方公共団体、特定の公益法人（日本学生支援機構、日本赤十字社、学校法人、社会福祉法人など）に贈与した相続財産
- 心身障害者共済制度（地方公共団体が行っているもの）に基づく給付金の受給権
- 宗教、慈善、学術などその他公益を目的とする事業を行う者が、相続または遺贈により取得した財産で、公益を目的とする事業に使用することが確実なもの
- 皇室経済法の規定により、皇位とともに受け継ぐ皇室に伝わる由緒あるもの

ONE◆POINT みなし相続財産とは

被相続人の死亡したときの権利および義務、すなわち民法上の本来の財産ではありませんが、被相続人の死亡に起因して取得した財産を相続税法上のみなし財産といいます。

生命保険金、退職手当金、生命保険契約に関する権利、定期金に関する権利などが該当し、課税の対象となります。

が課される。延滞税は未納期間に応じて計算される。

遺言と遺留分

相続でもっとも重要なことは、遺産を引き継ぐ人たちの間で争いごとが起こらないようにすることだと思います。その対策のひとつに遺言があります。遺言者の意思を確実に伝えることは、残された人たちへの大きな指針となるはずです。

遺言書の種類

一般的な遺言書には、次に説明するいくつかの種類がありますので、それぞれ自分にあった方法を選択するといいでしょう。

自筆証書遺言

遺言者が自分で内容や日付を筆記し、署名押印して作成するものです。費用も手間もかからず、簡単に秘密が守られるという点が長所になります。

しかし、自分で作るために要件に不備や誤解が生じたり、死後発見されない恐れがあるのが欠点です。また、死後には家庭裁判所の検認の手続きを得る手間がかかります。

※平成31（2019）年1月13日より、遺言の本文は自書ですが、財産目録は自書でなくパソコンで作成することも可能となりました。また、令和2（2020）年7月10日より、自筆証書遺言を法務局で保管する制度が創設されました。

公正証書遺言

公証人と2人以上の証人の立会いをもとに、遺言者が遺言内容を話して、それを公証人が書き留め、公正証書として作成するものです。作成後、公証人は遺言者と証人に確認し間違いがなければ、署名押印させて自らも署名押印します。

基本用語集 → **贈与税の延納**…贈与税は、納められない条件が認められると延納の制度通常、これは遺言者が公証人役場へ出向いて作成します。しかし、寝たきりであったりしてそれが無理ならば、自宅や病院などへ公証人と証人に出張してもらって、作成することもできます。

公証人が作るため、不備や誤解を招く恐れがない点が長所です。また、文字を書けなくても作成できます。さらに、原本が公証人役場に保管されているために、紛失してしまうこともありません。

ただし、証人が立ち会うために、秘密が漏れかねません。また、若干の費用もかかります。

●秘密証書遺言

遺言者が自分で書いた後に、秘密に保管しておく方法です。しかし、その手続きとして遺言書に署名押印の上、封印して公証人と証人２人以上に、その存在を確認してもらわなければなりません。

内容が秘密にできる点が長所ですが、公証人が内容を確認するわけではないので、不備や誤解が生じる危険があります。また、一定の場合は、裁判所の検認が必要です。

が設けられている。５年以内の年賦延納が認められている。

遺留分

遺留分とは、被相続人が遺言によって奪うことのできない財産の一定割合で、遺留分を有する各相続人の生活保障や相続財産への貢献を考えて、設けられている取り分です。相続財産のうち、ある一定の取得が保障されます。

たとえば、遺言によってただ1人に全財産を相続させる、としていたとします。しかし、この遺留分がある相続人であれば、その自分の取り分の返還を求めることができます。

●遺留分を有する相続人

配偶者

子、および
その代襲者

直系尊属

●遺留分

子、および配偶者が相続人の場合……相続財産の2分の1が遺留分となり、それを法定相続分で分ける

※子が複数いる場合は均等割になる

配偶者 $= \frac{1}{4} \left(\frac{1}{2} \times \frac{1}{2} \right)$

子 $= \frac{1}{4} \left(\frac{1}{2} \times \frac{1}{2} \right)$

子のみが相続人である場合……相続財産の2分の1が遺留分

※子が複数いる場合は均等割になる

基本用語集→ **遺留分の放棄**…相続分と異なり、相続開始前でも家庭裁判所の許可を得

第一子 $= \frac{1}{4}\left(\frac{1}{2} \times \frac{1}{2}\right)$

第二子 $= \frac{1}{4}\left(\frac{1}{2} \times \frac{1}{2}\right)$

配偶者と直系尊属が相続人の場合……相続財産の２分の１が遺留分となり、それを法定相続分で分ける

※直系尊属が複数いる場合は均等割になる

配偶者 $= \frac{1}{3}\left(\frac{2}{3} \times \frac{1}{2}\right)$

直系尊属 $= \frac{1}{6}\left(\frac{1}{3} \times \frac{1}{2}\right)$

直系尊属のみが相続人である場合……相続財産の３分の１が遺留分

※直系尊属が複数いる場合は均等割になる

配偶者と兄弟姉妹が相続人である場合……兄弟姉妹に遺留分はない。すべてが配偶者のもの。

て放棄することができる。

● PART 4

相続や贈与でもらった財産の評価

相続税や贈与税を計算するには、まずはじめにもらった財産を、金額に換算（評価）する必要があります。財産評価の原則は、“相続開始、贈与の時の時価”で計算することですが、実務上で使われているのは“財産評価基本通達”です。

財産評価の原則

相続や贈与により取得した財産には、当然のことながら相続税や贈与税がかかります。これらの税金を計算するためには、取得したいろいろな財産に関して、個々にその価格を決めなければなりません。

この財産の評価について“相続や贈与により取得した財産の評価は、取得のときにおける時価によるもの”とされています。

●取得のときとは

A：相続税の場合は、相続開始の日、一般的には被相続人が死亡した日

B：贈与税の場合は、贈与により財産を取得した日

●時価とは

“それぞれの財産の現況に応じ、不特定多数の当事者の間で自由な取引が行われる場合に、通常成立すると認められる価格”であるといわれています。

しかし、そのような価格を客観的に把握するのは、現実的には容易ではありません。ですから、“財産評価基本通達”により個別に定められています。

また、財産の評価にあたっては、その財産の価格に影響を及ぼすすべての事情、不動産であれば立地条件や築年数などを考慮する必要があります。

基本用語集 → 財産の評価…相続税および贈与税に関係する税額計算をする場合には、

財産評価基本通達

財産評価基本通達では、次のような区分に応じて、個別に評価の方法を定めています。

- 土地および土地の上に存する権利（宅地、農地、山林、原野、牧場、池沼、鉱泉地、雑種地）
- 家屋および家屋の上に存する権利
- 構築物
- 果樹等および立竹木
- 動産（一般動産、棚卸商品等、牛馬等、書画骨董品、船舶）
- 無体財産権（特許権、実用新案権、意匠権、商標権、著作権、出版権、鉱業権、採石権、漁業権、営業権）
- その他の財産（株式および出資、公社債、定期金に関する権利、信託受益権、その他の財産）

ONE◆POINT 借地権の評価

借地権の価格は、その借地権の目的となっている宅地の自用地としての価格に、借地権割合を乗じて計算した金額によって評価されます。借地権割合とは、宅地の自用地としての価格に対する借地権の価格の割合で、借地権の売買実例価額、精通者意見価格、地代の額などを基として定められ、その割合が同一と認められる地域ごとに割合が示されています。

● PART 4

宅地の評価（路線価方式）

相続税の対象となる土地の評価の方法は、相続のときの時価によるとされるのが原則です。しかしながら土地はその時価をどのように決めるかが非常に難しいので、市街地の土地を評価する場合、路線価に基づいて評価をします。

路線価方式とは

路線価方式とは、評価をする土地の道路すなわち路線につけられた価格に基づいて土地を評価します。路線価は、国税庁のHPで調べることができます。路線価は毎年評価替えがありますので、調べるときには注意が必要です。評価の方法は次のとおりです。

路線価×面積（m²）＝土地の評価額

●路線価図の調べ方

まず評価をしようとする土地を路線価図で調べます。道路に価格が付されている単位は一般的には1m²当たり1,000円単位で表示してあります。また、地区区分があり、路線ごとの記号により区分されています。

この地区区分は、ビル街地区、高度商業地区、繁華街地区、普通商業・併用住宅地区、普通住宅地区、中小工場地区、大工場地区に分かれます。さらに借地権割合が路線価の右脇にA、B、C…Gの記号で表示されてあります。路線価、地区区分、借地権割合を調べたら、いよいよ土地の評価をすることになります。

基本用語集 → 山林所得…一定の山林を伐採して譲渡したり、立木のままで譲渡するこ

●評価の単位

土地の評価の単位は、土地の利用の単位ごとに行います。したがって、1筆の土地であっても、2画地以上の土地として利用されている場合には各々別に評価します。一方、2筆以上の土地が1画地の土地として利用される場合には、全体で評価することになります。

●画地調整

土地の評価は路線価×面積（m^2）で計算しますが、土地はすべて同じ状況や形状ではないので画地調整を行って個別具体的に評価します。

●利用区分

土地は、すべてが自分が利用しているわけではありません。

自用地、土地を借りている場合には借地、逆に貸している場合には貸地、さらにアパートなどのように貸家がその土地の上に建っている場合があります。それぞれ借地権割合と借家権割合を適用して、利用状況に応じて土地を評価します。

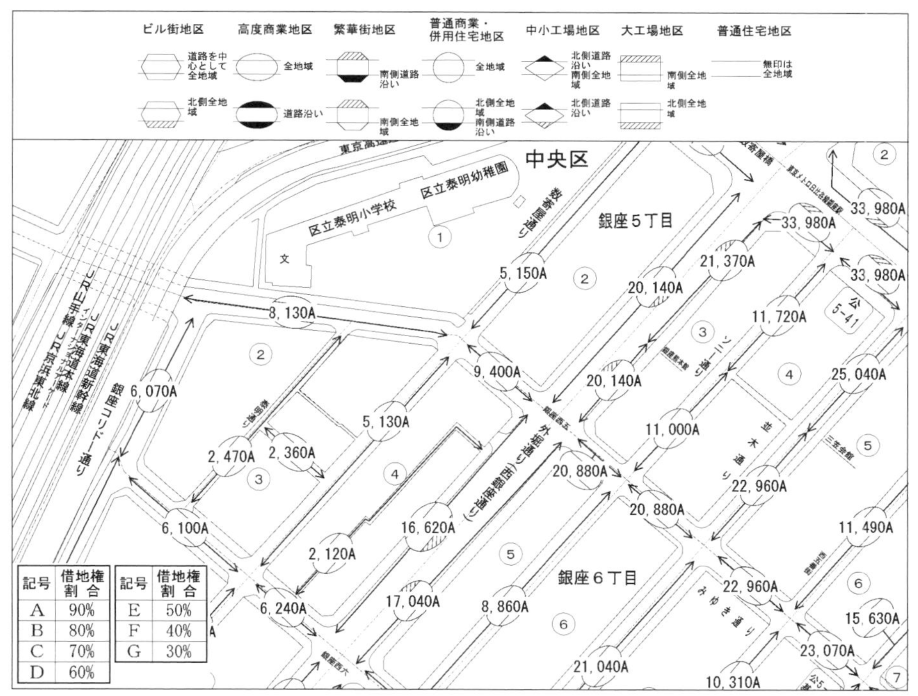

記号	借地権割合
A	90%
B	80%
C	70%
D	60%

記号	借地権割合
E	50%
F	40%
G	30%

とによって生じる所得をいう。

PART 4

路線価のない地域は倍率方式で

相続税の土地の評価を行う場合、路線価がある地域については路線価による評価を行い、またそれ以外の地域の土地の評価は、倍率方式により評価を行います。倍率方式で評価する地域は一般的に市街地以外の地域が多いのです。

倍率方式とは

倍率方式とは、評価する宅地の固定資産税評価額に倍率をかけて計算するものです。倍率は国税庁が一定の地域ごとに、その地域の実情に即するように定めたものです。

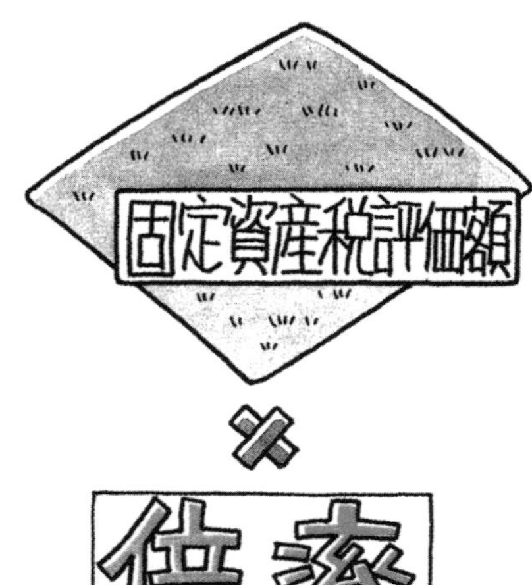

路線価方式は、土地の形により奥行長大補正や側方路線影響加算等の補正や加算を行い、修正をしますが、倍率方式はこのような修正を行いません。固定資産税評価額は、すでに土地の形による修正を行っているからです。

固定資産税評価額は、評価をしようとする土地の所在地の市町村役場（東京の場合は都税事務所）で評価証明書を取って調べることができます。なお、固定資産税の評価証明書は、土地の評価以外に建物の評価にも使用します。さらに相続財産の登記にも必要となるものです。

●固定資産税評価証明の取り方

固定資産税評価証明は、市町村役場によって取り方が多少異なりますが、土地や建物の所有者がすでに亡くなっているので、手続きについてはあらか

基本用語集 倍率方式…国税庁が地域ごとに、その実情に即するよう固定資産税評価

じめ市町村役場に連絡して必要なものを用意しておくことが重要です。

一般的には、被相続人の除籍謄本、取りに行く人が相続人である場合には、被相続人との相続関係がわかるもの（被相続人の除籍謄本でわかると思われる）と本人の身分がわかる運転免許証等が必要になります。また、郵送によっても取ることができます。

評価倍率表の見方

評価倍率表は、税務署に行かなくても、国税庁のHPで閲覧することができます。評価倍率表には市町村名、適用地域（町または大字名・丁目または字名等・地域区分に分かれている）がありますので、評価しようとする土地を絞り込みます。適用地域欄は、「市」・「市街化」・「調整」等と略称になっていますので、その略称の意味を調べる必要があります。最後に「固定資産税評価額に乗ずる倍率等」の欄で倍率を調べます。この倍率は、宅地・田・畑・山林・原野によって区分されています。

評価倍率表は、「一般の土地等用」「大規模工場用地用」「ゴルフ場用地等」に分かれています。

倍率表

市区町村名：青梅市　　　　青梅税務署

音順	町（丁目）又は大字名	適用地域名	借地権割合	固定資産税評価額に乗ずる倍率等 宅地	田	畑	山林	原野	牧場	池沼
			%	倍	倍	倍	倍	倍	倍	倍
あ	天ヶ瀬町	市街化調整区域	40	1.1	中 16	中 28	純 13	純 13		
		市街化区域	―	路線	比準	比準	比準	比準		
い	今井１丁目	市街化調整区域	40	1.2	中 16	中 22	中 16	中 16		
		市街化区域	―	路線	比準	比準	比準	比準		
	今井２丁目	市街化調整区域								
		1　農業振興地域内の農用地区域			純 12	純 15				
		2　上記以外の地域	50	1.1	中 16	中 22	中 32	中 32		
		市街化区域	―	路線	比準	比準	比準	比準		
	今井３丁目	全域	―	路線	比準	比準	比準	比準		

●家屋の評価

すでに建っている建物の評価は、固定資産税評価額に1.0の倍率をかけて評価します。課税台帳等に登録されていない新築家屋、建築中の家屋、貸家等についてはその評価については上記とは別の規定があります。

価額に定めた倍率をかける計算方式。

● PART 4

株式の評価（上場株式・非上場株式）

相続税を計算するためには、相続した株式を評価しなければなりません。株式は、上場している株式もあれば上場していない中小企業の株式もあり、その評価の方法も異なります。特に上場していない株式の評価は複雑です。

株式の種類によって異なる課税

株式等（株式、出資、転換社債、新株引受権付社債など）を売った場合には、ふつうは譲渡所得として、所得税（復興特別所得税を含む）と住民税がかかります。

<table>
<tr><td rowspan="4">株式等</td><td>非上場株式等</td><td colspan="3">申告分離課税</td></tr>
<tr><td rowspan="3">上場株式等</td><td rowspan="2">証券会社の特定口座</td><td>源泉徴収あり</td><td>申告不要※</td></tr>
<tr><td>源泉徴収なし</td><td>申告分離課税</td></tr>
<tr><td>上記以外</td><td colspan="2">申告分離課税</td></tr>
</table>

※他の口座での譲渡損失と相殺する場合、配当所得と損益通算する場合、上場株式等に係る譲渡損失を繰越控除する特例の適用を受ける場合には、確定申告をする必要があります。

上場株式の評価

上場株式は取引価格を評価の基準にします。具体的には下記の①から④のうち最も低い価格で評価します。

①被相続人の死亡した日の金融商品取引所最終価格（終値）

②死亡した日の属する月の終値の月平均額

③②の前月の終値の月平均額

④②の前々月の終値の月平均額

この場合の終値は、取引している証券会社等で確認します。

申告分離課税…特定の所得において、他の所得と分離して特別の税率で

気配相場のある株式の評価

⑴登録銘柄や店頭管理銘柄の評価

登録銘柄や店頭管理銘柄は、日本証券業協会の公表する課税時期（相続または遺贈の場合は被相続人が死亡した日、贈与の場合は贈与により財産を取得した日）の取引価格によって評価します。この場合、その取引価格に高値と安値がある場合は、その平均額によります。

ただし、その取引価格が下記の３つの価額のうち最も低い価額を超える場合は、原則その最も低い価額により評価します。

①課税時期の属する月の毎日の取引価格の月平均額
②課税時期の属する月の前月の毎日の取引価格の月平均額
③課税時期の属する月の前々月の毎日の取引価格の月平均額

⑵公開途上にある株式の評価

株式の上場または登録に際して、株式の公募または売出しが行われる場合における公開途上にある株式の価額は、その株式の公開価格によって評価します。また、株式の上場または登録に際して、公募等が行われない場合における公開途上にある株式の価額は、課税時期以前の取引価格等を勘案して評価します。

取引相場のない株式の評価

取引相場のない株式の評価は、その株式の発行会社の規模および株主の会社支配の程度などにより、その評価の方法が異なります。

会社の規模は、従業員数・総資産価額・１年間の取引金額の大小により大会社・中会社・小会社に分けられます。

原則的な評価方法（同族株主の場合）

①大会社　原則類似業種比準方式
②中会社　類似業種比準方式と純資産価額方式の併用
③小会社　原則純資産価額方式

この類似業種比準方式・純資産価額方式という評価の方法は、評価をしようとする株式の発行会社の利益・配当・資産価値を基準に計算する方法で、一定の方法に基づき行われ、複雑なものです。

課税する方法。退職、山林、土地、株式等の譲渡所得が対象になる。

PART 4

書画・骨董やゴルフ会員権の評価

相続などによって取得した財産の中には、書画・骨董、貴金属、あるいはゴルフ会員権のようなものがあります。これらも金額に置き換えて、相続税の課税価格に含めなければなりません。仏壇等は原則非課税ですが、課税の対象となる場合もあります。

書画・骨董などの評価の方法

書画・骨董、貴金属の評価は、次の区分により評価します。

① 被相続人が書画・骨董、貴金属の販売業者で販売目的で持っていた場合 ＝ 棚卸し資産 として評価

・所得税・法人税で採用されている棚卸し資産の評価方法
・（販売価額－適正利潤－予定経費－消費税）による評価方法
このいずれかの方法で行う

②①以外の場合

実質実例価額や精通者意見価格等 を参考にして評価する

なお、仏壇・仏像・仏具などは原則として相続税の課税の対象とはなりません。これらは、あくまでも日常の礼拝の用に供されているものをいいます。したがって、仏壇・仏像・仏具などでも書画・骨董となり、課税の対象となるか、課税の対象外となるかは、社会常識で判断することになります。

基本用語集 書画・骨董の評価…相続財産のうち、書画・骨董など販売業者が所有する場合

●●● ゴルフ会員権の評価の方法

ゴルフ会員権の相続税の評価は、以下の区分によって評価します。

①取引相場のあるゴルフ会員権の評価方法

ゴルフ会員権の多くは取引相場があります。取引相場のあるゴルフ会員権は相続時の取引相場を70%で評価し、預託金等で取引相場に含まれていない返還される金銭があるときは、その現在価値を加算して評価します。

②取引相場のない株主会員制のゴルフ会員権の評価方法

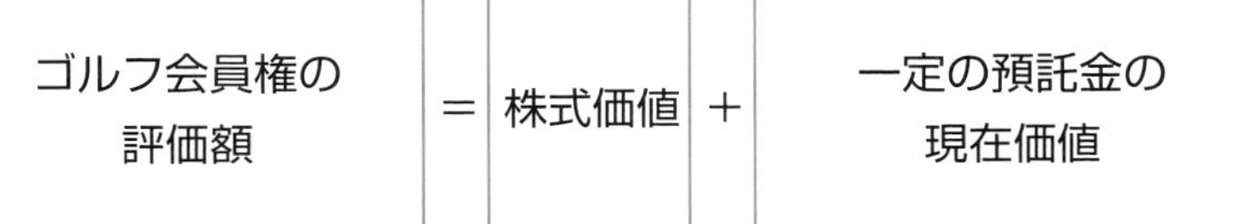

株式の価値は非上場株式と同じように考えます。

※取引相場がなく、株式も返還される預託金もない、たんにゴルフのプレイができるだけのゴルフ会員権は、評価する必要がありません。

は棚卸し資産として評価されるが、一般的な家庭では実質実例価額等を参考に評価される。

PART 4

贈与税はなぜ相続税より高いのか

贈与税は相続税に比べて税金が高くなります。結論からいうと、贈与税は相続税の補完税だからです。財産の評価方法は同じですが、基礎控除や税率が異なります。

贈与税は相続税の補完税

相続税のみを課税して贈与税を課税しないとすれば、生前に財産を贈与すると、相続税の負担を免れることができます。したがって、生前に財産を贈与することにより、財産が移転する機会にその財産をもらった個人に対して贈与税を課すのです。贈与税は相続税を補完する税金なので、相続税の税率よりかなり重い税率になります。

●贈与税の税額計算（暦年課税）

贈与税額 ＝（贈与財産の価額の合計 － 基礎控除）× 税率

①贈与財産の価額の合計額

その年の１月１日から12月31日までの間に、贈与によって取得した財産や贈与によって取得したとみなされるすべての財産の合計額をいいます。複数の人から贈与を受けた場合は、その合計を課税価格とします。

②基礎控除

その年中の贈与により取得した財産の価格から110万円を控除します。

●贈与税の申告

贈与税の申告は、贈与を受けた年の翌年の２月１日から３月15日までに行います。

基本用語集 → 贈与税（暦年課税）の速算表…110万円の基礎控除を引いた金額に８

相続税と贈与税（暦年課税）の基礎控除と税率の違い

①基礎控除（課税最低額）

ア　相続税　3,000万円 ＋ 600万円 × 法定相続人数

イ　贈与税（暦年課税）　110万円

②税　率

相続税の速算表

法定相続分に応ずる取得金額	税　率	控除額
1,000万円以下	10%	—
1,000万円超 3,000万円以下	15%	50万円
3,000万円超 5,000万円以下	20%	200万円
5,000万円超 1億円以下	30%	700万円
1億円超 2億円以下	40%	1,700万円
2億円超 3億円以下	45%	2,700万円
3億円超 6億円以下	50%	4,200万円
6億円超	55%	7,200万円

贈与税（暦年課税）の速算表

一般税率と特例税率があります。特例税率は、贈与により財産を取得した人（贈与を受けた年の1月1日において18歳以上。令和4年3月31日までは20歳以上）が直系尊属（父母や祖父母など）から贈与により取得した財産にかかる贈与税の計算に使います。

贈与税の速算表（一般税率）

基礎控除後の課税価格	200万円以下	300万円以下	400万円以下	600万円以下	1,000万円以下	1,500万円以下	3,000万円以下	3,000万円超
一般税率	10%	15%	20%	30%	40%	45%	50%	55%
控除額	−	10万円	25万円	65万円	125万円	175万円	250万円	400万円

贈与税の速算表（特例税率）

基礎控除後の課税価格	200万円以下	400万円以下	600万円以下	1,000万円以下	1,500万円以下	3,000万円以下	4,500万円以下	4,500万円超
特例税率	10%	15%	20%	30%	40%	45%	50%	55%
控除額	−	10万円	30万円	90万円	190万円	265万円	415万円	640万円

● PART 4

贈与税の対象となる財産、対象とならない財産

贈与税（暦年課税）は、毎年１月１日から12月31日までの間に、個人が贈与により取得した財産の価格を対象にして課税されます。贈与税（暦年課税）は、年間110万円までは課税の対象とはなりません。

贈与税とは

民法では、贈与とは“当事者の一方（贈与者）が、自己の財産を無償で相手方に与える意思を表示し、相手方（受贈者）の承諾の意思表示により効力が生じる無償譲渡の契約”としています。

相続税法においては、贈与の具体的な定義はありません。しかし、死因贈与（贈与者が死亡したときに効力を生ずる贈与）以外を贈与税の対象としています（死因贈与は、相続の対象とされる）。

その年の１月１日から12月31日までに、個人が贈与を受けた財産の価格の合計額から基礎控除額（110万円）を引いた残りの額に税率をかけたものが贈与税額です。

死因贈与とは……贈与者の死亡により効力が発生する贈与をいう。贈与者は自分の死亡時に財産を無償で相手に贈与するという意思表示をし、相手がこれを受贈するという意思表示で成立する。この行為は死亡を原因とすることから、遺贈と同じように、相続税の規定が適用される。

基本用語集 → **みなし贈与の例**…みなし贈与には著しい低価格での財産譲渡や債務免

みなし贈与財産とは

民法で贈与財産として認められるものではありませんが、以下のものについては実質的に経済的利益を受けた場合には贈与とみなして、贈与税の対象としています。

・**信託受給権**……委託者以外のものが信託行為の受益者である場合

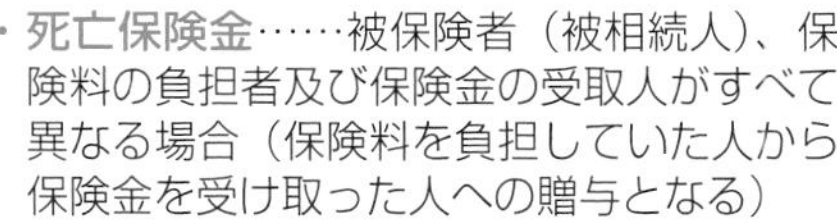

・**死亡保険金**……被保険者（被相続人）、保険料の負担者及び保険金の受取人がすべて異なる場合（保険料を負担していた人から保険金を受け取った人への贈与となる）

・**定期金の受給権**……掛金を負担した人以外の人が定期金の給付を受けることとなった場合の定期金の受給権

・**低額譲渡**……著しく低い価格で財産を譲り受けた場合

・**債務免除等**……対価を支払わないで、または著しく低い価格の対価で債務免除を受けた場合

・**その他の利益の享受**……対価を支払わないで、または著しく低い価格の対価で利益を受けた場合

除、また受取人以外の人が掛金を負担していた定期金の受給権などがある。

PART 4

結婚20年以上の夫婦には贈与税の特例が

結婚生活が20年以上（婚姻の届け出をした日から贈与をする日までの期間が20年以上）の夫婦については、次の土地、家屋、金銭の贈与については、2,000万円までは贈与税が課税されません。

贈与を受けても非課税となるもの

①土地・家屋の種類

国内にある居住用の土地等（借地権などを含む）または家屋（以下「居住用不動産」）の贈与を受け、その贈与を受けた年の翌年３月15日までにその贈与を受けた人が居住し、かつ、その後引き続き居住する見込みであるもの。

②金銭の使い道

居住用不動産を購入するための金銭の贈与を受け、その贈与を受けた年の翌年３月15日までに居住用不動産を購入し、かつその日までにその贈与を受けた人が居住し、かつその後引き続き居住する見込みである場合。

いくらまで非課税か

上記①または②の条件を満たす贈与を配偶者（夫または妻）から受けたときは、

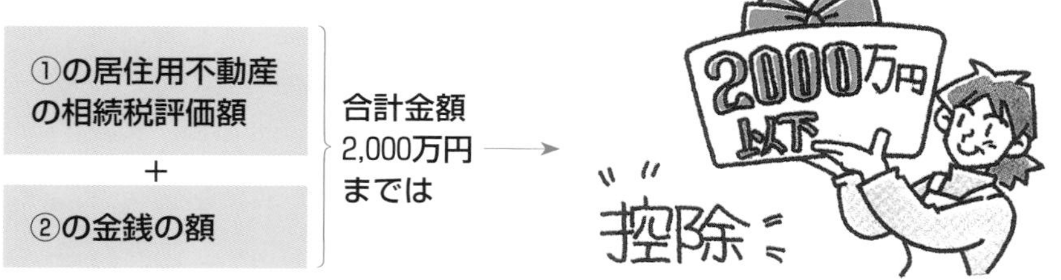

贈与税の配偶者控除として控除される

基本用語集 贈与税（暦年課税）の申告…年110万円を超える贈与を受けた者や、納このとき、贈与税の基礎控除額110万円はそのままですから、合計2,110万円控除されることになります。

ただし、この特例の適用は同一の配偶者からは一度しか受けることはできません。

長生きをして、再婚相手（違う配偶者）からもう一度受けることができますが、婚姻期間が20年と20年、合計で40年という長期間になります。

●贈与された居住用不動産の価額が2,500万円の場合

居住用不動産等の価額 2,500万円	−	配偶者控除額 2,000万円	−	基礎控除額 110万円	＝	課税価格 390万円

結婚生活が20年以上の夫婦の場合、贈与された不動産価額が2,500万円であれば2,110万円が控除され、課税価格は390万円となる。

ONE◆POINT 配偶者居住権の創設など

1. 配偶者居住権

配偶者が居住していた被相続人所有の建物について、遺産分割等により終身または一定期間、配偶者がその建物に居住することができる権利（配偶者居住権）が創設されました。令和２（2020）年４月より開始する相続に適用されています。

2. 相続人以外の者の貢献を考慮するための方策

相続人以外の被相続人の親族が、被相続人の療養看護等を行った場合には、一定の要件のもとで、相続人に対して金銭請求できる「特別の寄与」の制度が創設され、令和元（2019）年７月１日より施行されました。

贈与税の非課税財産

以下のものは非課税財産として、贈与税がかかりません。

・会社など法人からの贈与によって取得した財産は、贈与税の対象にはならず、所得税の対象になるので、贈与税はかからない

・宗教や慈善、学術など公益を目的とする事業を行う者が贈与を受けた財産で、公益事業のために使用することが確実なもの

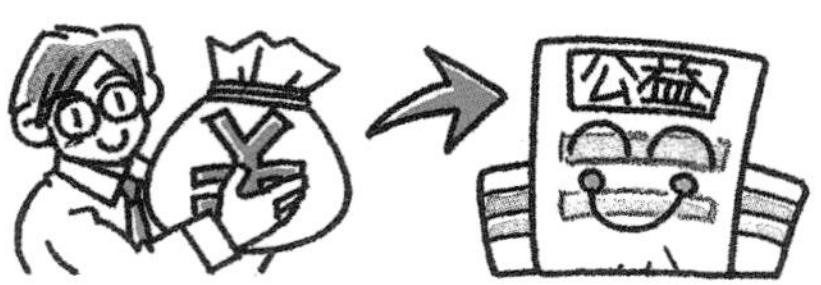

・親が子に対してなど扶養義務者相互間で行われた贈与で、通常必要と認められる生活費、または教育費などに充てるためのもの

※**生活費**……ごくふつうの生活を営むのに必要な費用をいい、治療費、養育費、その他これに準ずるものを含む

※**教育費**……子どもなど被扶養者の教育上、通常必要と認められる学費や教材費、文具費等を含む

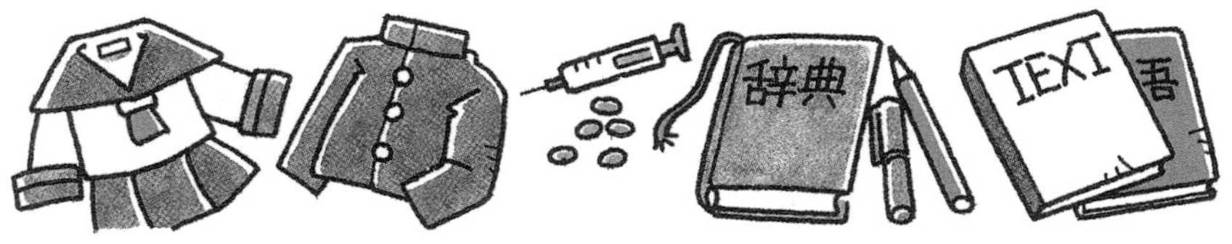

・心身障害者共済制度に基づく給付金の受給権

・相続で財産を取得した人が同じ年に、被相続人から贈与された財産は、相続税の対象となる

基本用語集 **贈与税の延納**…10万円を超える贈与税を納期限までに金銭により一時に

・個人から受ける盆暮れの贈り物、慶弔に際して支出する金銭などは社交上必要とみとめるもので、社会通念上でおかしくないもの

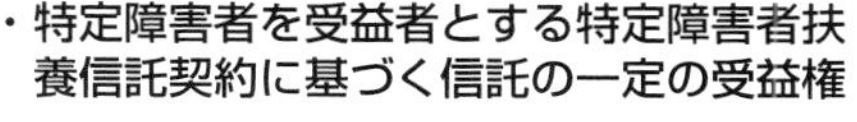
・特定障害者を受益者とする特定障害者扶養信託契約に基づく信託の一定の受益権

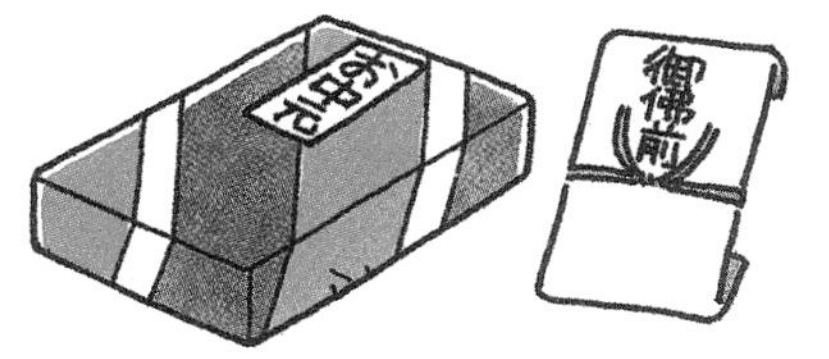

贈与の受け方いろいろ

2人以上の人から贈与を受けた場合

贈与税は1年間に受けたすべての贈与財産を対象にします。ですから、この場合は、それらを合計して計算します。

2人に分けた場合

贈与税は、個人を単位として課税されます。親の財産を兄弟2人で分けた場合などは、累進課税率や基礎控除の関係で、どちらか一方だけがもらうよりも、税金の総額は低くなります。

ONE◆POINT 結婚・子育て資金の一括贈与に係る贈与税の非課税措置

少子化対策の一環として、平成27年4月から令和7（2025）年3月までの間、結婚・子育て資金の一括贈与を行う場合の贈与税の非課税措置があります。父母など（直系尊属）の贈与者は金融機関に18歳（令和4年3月まで20歳）～49歳の子や孫（受贈者。平成31〈2019〉年4月1日より、前年の合計所得金額が1,000万円以下）名義の口座を開設して、結婚・子育て資金を一括して拠出すると、子・孫ごとにこの資金の1,000万円（結婚は300万円）までが非課税となります。相続税回避を防止するため、贈与者死亡時の残高は相続財産に加算※され、また受贈者が50歳に達する日に口座は終了し、使い残し分には贈与税が課税される場合があります（一般税率を適用）。

※子以外の直系卑属が取得した場合、相続税額は2割加算。

● PART 4

財産の名義を変えるとどうなるか

財産の中には、自動車や土地・建物、預金、有価証券などのように名義が付されるものがあります。通常その名義人がその財産の所有者であるはずです。ではその名義を変えるとどうなるでしょうか。

贈与税の課税

財産の名義を変えるということや、その財産を売った場合に名義が変わるということがあります。この場合には財産の譲渡ですから譲渡所得として所得税が課税されますが、その財産を売りもせずタダで名義を変えた場合、財産を人にあげたことになり、当然贈与税が課税されます。

自動車を子供に軽い気持ちで与えたとしても、その自動車の価額が贈与税の課税対象となります。また、相続税を安くしようとして土地・建物の名義を変えた場合（贈与税の配偶者控除を除く）などは、贈与税の課税対象となります。

●贈与税の計算（暦年課税）

贈与税は、その年の1月1日から12月31日までの間に贈与によって取得した財産の価額の合計額から、贈与税の基礎控除額110万円を控除し、その残額に贈与税の税率を乗じて計算します。

（贈与によって取得した財産 1/1〜12/31 −110万円）×税率

110万円＝基礎控除額

●贈与税の申告

贈与税は、納付すべき贈与税額がある人がその贈与を受けた年の翌年2月1日から3月15日までに、自分の住所のあるところの所轄税務署に申告しなければなりません。

基本用語集→ **不動産の贈与**…不動産の贈与の場合、受贈者に対しては都道府県税であ

所得税が課税される場合

個人が法人から贈与を受けた場合には、贈与税ではなく、所得税が課税されます。これは、贈与税は相続税を補う税金であることから、相続と関係のない法人からの贈与については、贈与税ではなく所得税を課税するということです。

著しく低い対価で譲り受けた財産

財産をタダでもらうと贈与税がかかるなら、その財産を安く買えば贈与税を逃れられるのではないかという考えも出てくるでしょうが、この場合にはその財産の時価と対価との差額がその財産を譲渡した者から贈与によって取得したものとみなして贈与税がかかります。

この場合の時価とは、土地および家屋などについては原則としてその取得したときの通常の取引価額をいい、それ以外の財産については、相続税評価額で評価します。

ONE◆POINT 教育資金の一括贈与に係る贈与税の非課税措置

・祖父母など（直系尊属）の贈与者は金融機関で30歳未満の子や孫（受贈者。平成31〈2019〉年４月１日より、前年の合計所得金額が1,000万円以下）名義の口座等を開設し、一定の教育資金を一括して拠出。この資金は孫ごとに1,500万円まで非課税とされる。（学校以外の者に支払われるものについては500万円を限度とする。）
・教育資金の使途は、金融機関が領収書等（少額支払いは除く）をチェックし、書類を保管する。
・贈与者の死亡日までの年数にかかわらず、一定の場合※を除き、管理残額は相続税の課税対象となり、子以外の直系卑属が取得した場合は、相続税額が２割加算される。
・平成25年４月から令和８（2026）年３月31日までの措置。
・一定の場合の残高に贈与税を課税する（一般税率を適用）。

※一定の場合とは、受贈者が①23歳未満の者、②学校等に在学中の者、③教育訓練給付金の支給対象となる教育訓練を受講中の者をいう。贈与者に係る相続税の課税価格の合計額が、５億円を超える場合は受贈者の年齢等にかかわらず加算される。

る不動産取得税が課される。

● PART 4

夫婦や親子で資金を出し合って買ったマイホームは共有名義で

最近では、「夫婦共働きは当たり前」「新築するならば二世帯住宅」という人が多く、夫婦や親子共同で家を買っているようです。このとき気をつけたいのが、登記するときの名義の問題です。

夫婦共同・親子共同のマイホーム

たとえば、共働き夫婦が家を買ったとします。その時に金融機関で組んだローンは、夫婦共同で返していくことでしょう。

もし、このときの登記をすべて夫名義にすると、借金の返済分のうち妻の負担分は、妻から夫への贈与として扱われてしまいます。つまり、贈与税がかかってしまうのです。

この問題を回避するためにも、登記の名義はそれぞれの負担に応じた割合で、共有登記にするのがいいでしょう。もちろん、これは親子で二世帯住宅を購入する場合も同様の配慮が必要です。

登記の名義はそれぞれの支出した負担割合で、共有登記にするとよい

	夫	妻
頭金	800万円 ㋐	400万円 ㋑
借入金	1,600万円 ㋒	800万円 ㋓
負担割合	2/3	1/3

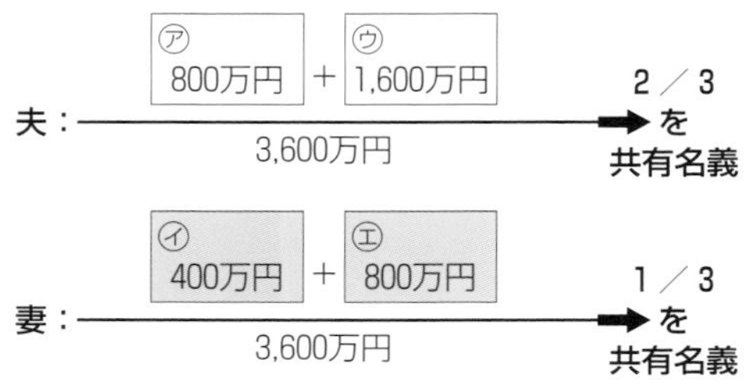

基本用語集 → 登録免許税…登記、登録、特許、免許、許可、指定および技能証明につ

住宅ローン名義と住宅ローン控除の関係

たとえば、共働き夫婦が共同で家を買ったときに、金融機関から受ける住宅ローンをすべて夫の名義にしてしまったとします。すると、妻は“住宅取得資金にかかる借入金の年末残高等証明書”の交付が受けられません。そうなると、妻としては実際にローンを返済していても、住宅ローン控除が適用されなくなってしまうので注意してください。

登記名義の訂正とそのタイミング

親子で資金を出し合って、二世帯住宅を取得しましたが、知識不足から登記をすべて子ども名義にしてしまいました。

もし、このようなミスをしてしまった場合には、再度法務局に行って訂正をすれば、名義を変更できます。「現在、登記簿に記載してある名義人は間違いで、本当は共有なんです」という旨の登記（真正なる登記名義の回復）をすればいいのです。

ONE◆POINT 専業主婦なのに名義を共有にしてしまうと

登記を共有名義にしていないと、実際にはローンの返済をしているのに、名義人への贈与とみなされ、そこに税金がかかってきてしまうことは説明しました。その逆で実際には返済していないのに、名義だけをもっている場合も注意してください。名義分の資産の贈与を受けている、とみなされて、名前のみの名義人に贈与税がかかってしまいます。

いて課される税金。登録等を受けるものが納税義務者。

不動産とともに住宅ローンも贈与する（負担付贈与）

住宅ローンの残った不動産などを、ローンごと受け取った場合には、その贈与財産の価格から、引き受けたローンの負担額を差し引いた額の贈与があったものとして、贈与税が課税されます。

負担付贈与とは

“土地付建物を譲るから、住宅ローンの残りを払ってほしい”などということがあるかと思います。こうした、財産と一緒に債務などの負担を付けて行う贈与が負担付贈与です。

負担付贈与の取り扱い

負担付贈与があった場合の計算の基本は、贈与財産の価格から負担額を差し引いた額に贈与税を課税する、というものです。

ふつうならば、贈与財産の評価は“財産評価基本通達”により行います。しかし、負担付贈与の場合は、その時の通常の取引価格（時価）の評価です。

これは、かつて相続税評価額が時価よりも、かなり低く設定されてい

基本用語集 ➡ 負担付贈与…財産贈与と同時に贈与を受けた者に債務などを負担させる

たことからきています。相続税評価額と同額の債務を一緒に贈れば、贈与税がかからないなど、納税回避に使われていました。これを規制するために、取り扱いを変えたのです。

贈与者の利益になる場合  **所得税の課税対象になる**

負担付贈与をすると、贈与をする人が支払うべき借金が、贈与を受けた人に移り、贈与をする人はその責任がなくなります。これは、贈与財産を債務相当額で売って、それで借金を返したのと同じことです。

そこで、贈与する側に対して債務相当額を収入金額とみなして、譲渡所得税を課することにしています。

(贈与税の事例)

父親から時価1,200万円の宅地の贈与を受ける代わりに、父親の銀行からの借金800万円を負担した場合は、贈与を受けた宅地の時価（取引価額）1,200万円から負担額800万円を差し引いた400万円が贈与税の課税対象となります。

課税価格（みなし贈与の対象となる金額）

= 1,200万円 − 800万円 = 400万円

贈与税の課税標準額 = 400万円 − 110万円 = 290万円

贈与税額…290万円に贈与税の超過累進税率（→P185）を適用して求める。

= 290万円 × 15% − 10万円 = 33万5,000円

● PART 4

相続時精算課税制度

景気対策のため、高齢者が保有している資産を若者に移転して消費を拡大する刺激策として、父母などから子への生前贈与にあたり、いったん贈与税を納め、実際に相続が発生した時点ですでに納めた贈与税額と相続税額を精算する制度が相続時精算課税制度です。

暦年課税と相続時精算課税制度の比較

60歳以上の父母などから18歳以上の子や孫などに対する贈与について、現行の贈与税との選択で、贈与時に贈与税を支払い、その後、相続時に贈与財産と相続財産とを合計し、計算した相続税額からすでに納めた贈与税額を差し引いて支払う制度が相続時精算課税制度です。

	基礎控除等	税　　率	申　　告
暦年課税	110万円（基礎控除）	基礎控除額を超えた額に、税率10%～55%の間で課税（p.185参照）	基礎控除額を超える場合
相続税精算課税制度	2,500万円（特別控除）※ 使途自由。贈与税（上記）との選択適用	特別控除額を超えた額に一率、税率20%課税	初回の贈与時の翌年から相続開始時の年まで

※令和６（2024）年より、暦年課税の基礎控除とは別に、毎年110万円まで課税されない基礎控除が創設された。この基礎控除は相続時に加算しない。

①対象となる財産の種類、金額、贈与回数は無制限。
②贈与財産の合計が2,500万円まで特別控除枠がある。
③2,500万円を超える部分には税率20%の贈与税を課税。
④相続時精算課税を選択する場合は、贈与税の申告期間内に選択届出書を税務署に提出しなければならない。

●具体的事例の検討

Ａさんは会社を起業するために、親（Ｂさん）から令和○年に1,000万円の贈与を受けましたが、経営がなかなか安定せず、令和△年に2,000万円をさらに贈与してもらいました。令和◇年にＢさんが亡くなり、相続財産6,000万円を相続しました。法定相続人は、Ａさん一人（基礎控除は省略）。

基本用語集 ▶ 慰謝料への税金…分与の対象となった財産は、２人で築いたもので、離

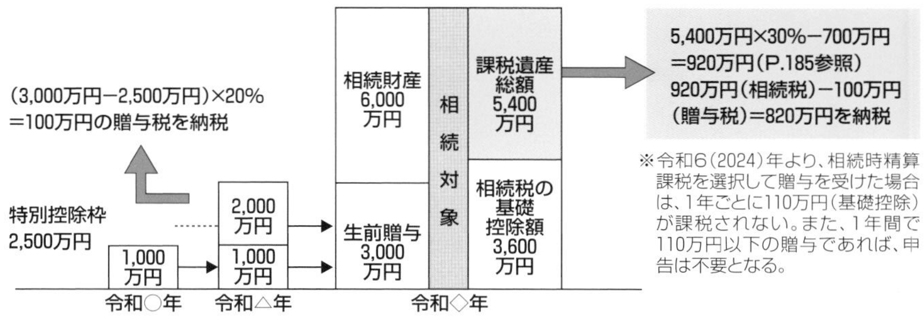

※令和6(2024)年より、相続時精算課税を選択して贈与を受けた場合は、1年ごとに110万円(基礎控除)が課税されない。また、1年間で110万円以下の贈与であれば、申告は不要となる。

相続時精算課税制度の適用者など

贈与者 → 60歳以上の父母など(贈与の年の1月1日現在)

受贈者 → 18歳以上の子や孫などである将来の相続人

この選択は、受贈者である兄弟姉妹が別々に、贈与者である父、母ごとに選択可能ですが、相続時精算課税を選択すると、その後同じ贈与者からの贈与について、「暦年課税」に変更することはできません。

ONE◆POINT 住宅取得等資金等贈与の非課税措置

令和4(2022)年1月1日から令和8(2026)年12月31日までの間に、父母や祖父母など直系尊属からの贈与により、自己の居住の用に供する住宅用家屋の新築、取得または増改築等の対価に充てるための金銭を取得した場合に、一定の要件を満たすときは、下記の非課税限度額までの金額について、贈与税が非課税となります。

贈与を受けた人ごとに省エネ等住宅の場合には1,000万円まで、それ以外の住宅の場合には500万円までの住宅取得等資金の贈与が非課税となります。

※既に非課税の特例の適用を受けて贈与税が非課税となった金額がある場合には、その金額を控除した残額が原則として非課税限度額となります。

●主な要件

- 受贈者は贈与を受けた年の1月1日において18歳※以上で、その年の合計所得金額が2,000万円以下(新築等をする住宅用の家屋の床面積が40㎡以上50㎡未満の場合は1,000万円以下)であること。
- 受贈者は贈与を受けたときに贈与者の直系卑属(子、孫、曾孫など)であること。
- 贈与を受けた年の翌年3月15日までに、その金銭の全部を一定の住宅の新築、取得等の対価の費用にあて、同日までに居住しているか、同日以後遅滞なく居住が確実。
- 既存住宅等の場合は新耐震基準に適合等一定の基準あり。
- 住宅は日本国内にあり床面積が40㎡以上240㎡以下であること。　など

※一定の要件を満たすときは相続時精算課税の特例を重複して受けることができます。

COLUMN　申告期限に間に合わない場合は

台風や地震、津波などの災害により、申告や申請などの届け出の書類が期限までにできない場合があります。非情といわれる税法にも、こんなときには温情規定があります。

◆国税庁長官の地域指定

国税庁長官は、都道府県の全部または一部にわたり災害、その他やむをえない理由により、申告期限などまでに申告などをすることができないと認められる場合には、地域および期日を指定して、申告期限などを延長することができます。

◆規定されている申告期限の延長

国税通則法とは別に、個別税法の中にも類似した規定はあります。法人税法には、提出期限の延長という規定があり、災害、その他のやむをえない理由により決算が確定しないため、申告書を提出期限までに提出することができないと認められる場合には、税務署長はその法人の申告に基づき、期日を指定してその提出期限を延長することができます。その申請は、決算期末から45日以内に、提出できない理由などを記載して提出します。

単に、仕事が忙しくて決算が組めないとか、事務担当者が病気になったという理由では認められません。

会計監査人の監査をうけなければならない法人は、決算が期末から2か月以内に確定することができませんから、提出期限を1か月延長することができます。また、法人税の申告期限の延長についての特例の適用を受ける法人について、消費税の申告期限を1か月延長する特例が創設されました。

◆申告の時期

所得税法では毎年1月1日から12月31日までの1年間に生じた所得について、翌年2月16日から3月15日までの間に確定申告を行い、所得税を納付します。

災害等の理由により申告・納付などをその期限までにできないときは、所轄税務署に申請し、その承認を受けることにより、その理由のやんだ日から2か月以内の範囲でその期限を延長することができます。

PART 5

さまざまな税金

● PART 5

自動車を所有するとかかるさまざまな税金

自動車を所有すると自動車税種別割（自動車税から名称が変更）が課税され、車検時や車両番号の指定を受けるときには自動車重量税がかかります。自動車を取得したときは自動車税環境性能割（自動車取得税は廃止）が課税されます。

自動車にかかる税金とは

●自動車税種別割（自動車税から名称が変更になった）

都道府県は、毎年４月１日現在の自動車の所有者に対して自動車税種別割を課税します。自動車は、乗用車・トラック・バス等に分類され、さらに営業用と自家用等に区別されます。また、総排気量によっても区分されます。この区分により、１台当たりの年間の自動車税種別割が決められます。

自動車税種別割は、４月１日以後新たに車を購入したり売ったりした場合には、自動車を所有した期間の月割りによって自動車税種別割を納めます。

●軽自動車税種別割（軽自動車税から名称が変更になった）

市区町村は、軽自動車税種別割を毎年４月１日現在の軽自動車の所有者に対して課税します。軽自動車は、原動機付自転車・軽自動車・小型特殊自動車・二輪の小型自動車に分類され、自動車税種別割と同じようなしくみで課税されます。

●自動車税環境性能割と軽自動車税環境性能割（自動車取得税は廃止された）

自動車取得税は廃止され、新たに自動車や軽自動車を購入するときに納める税金として環境性能割が導入されました。自動車税環境性能割と軽自動車環境性能割があります。税額は車種や用途（自家用、営業用）、燃費によって決められています。電気自動車や優れた燃費効率車は非課税です。

基本用語集 ▶ 自動車税のグリーン化税制…排出ガスなど環境負荷の小さい自動車に

●自動車重量税

自動車検査証の交付を受ける人（車検を受ける自動車の使用者のことをいいます）や車両番号の指定を受ける人（軽自動車の使用者をいいます）は自動車重量税を国に納めなければなりません。車種と重量によって税額が決まっています。

（出典：財務省HPより作成）

対し、その性能に応じて自動車税を軽減したり、重課する制度。

PART 5

酒とたばこに含まれる税金

日頃あまり意識しませんが、お酒には「酒税」という国税が、また、たばこには「たばこ税」という、国税と地方税がかかっています。お酒やたばこを買う場合、その値段の中にはこれらの税金が含まれています。

酒税とは

酒税は、酒類に対して課される国税です。酒税とは、アルコール１度以上の飲料および溶解してアルコール分１度以上の飲料とすることのできる粉末状のものをいう。と規定されています。

酒税の納税義務者は、国内で製造される酒類については製造者であり、輸入される酒類については、これを保税地域から引き取る者です。これらの者が製造場から移出し、あるいは、保税地域から引き取る酒類の数量を課税標準とし、税率は、その酒類の種類、アルコール分等に応じて、１キロリットル当たりの金額で表示されています。

主な酒税の例

日本酒（1.8ℓ） アルコール度15度 小売価格2,035円	ビンビール （633mℓ） 小売価格330円	発泡酒（350mℓ） 麦芽比率25%未満 小売価格168円	ウイスキー(700mℓ) アルコール度43度 小売価格2,068円	連続式蒸留焼酎 （1.8ℓ） 小売価格1,510円
酒税…198円 （負担率 9.7%）	酒税…126.60円 （負担率 38.36%）	酒税…46.99円 （負担率 27.97%）	酒税…301円 （負担率 14.56%）	酒税…450円 （負担率　29.8%）

※財務省HPより作成（令和３年12月現在）

たばこ税とは

「たばこ」に対する税金としては、国税の「たばこ税」および「たばこ特

基本用語集 酒税…酒類に対して課される間接税。製造場から移出したり、保税地域

別税」と、地方税である「道府県たばこ税」および「市町村たばこ税」とがあります。「たばこ税」の納税義務者は、国内で製造されるたばこについては、製造者（日本たばこ産業株式会社）であり、輸入たばこについては、これを保税地域から引き取る者です。課税標準は、製造場から移出し、または保税地域から引き取るたばこの本数です。

一方「道府県・市町村たばこ税」は、卸売販売業者等が小売販売業者に売り渡す場合に、その小売販売業者の営業所が所在する都道府県および市区町村により、卸売販売業者等に対して課税されます。課税標準は、売り渡し本数です。

たばこに含まれる税金例（令和5年4月）

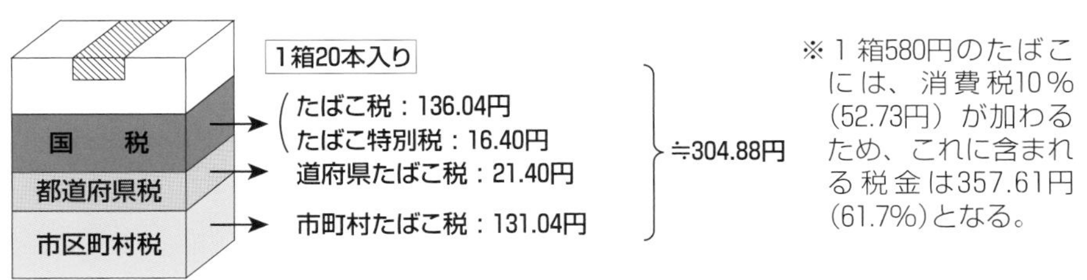

※1箱580円のたばこには、消費税10％（52.73円）が加わるため、これに含まれる税金は357.61円（61.7％）となる。

●消費税との関係

酒税やたばこ税は消費税と同じように、実質的な負担者と納税義務者が異なる間接税に分類されます。酒、たばこの価格には、酒税、たばこ税とともに消費税も含まれていることになります。

ONE◆POINT 酒税改革による税率構造の見直し

- ビール系飲料（ビール、発泡酒等）の税率について、令和8（2026）年10月に、1キロリットル当たり15万5,000円（350ml換算で54.25円）に一本化されます（3段階で実施）。
- 醸造酒類（清酒、果実酒等）の税率について、令和5（2023）年10月に、1キロリットル当たり10万円に一本化されました（2段階で実施）。
- その他の発泡性酒類（チューハイ等）の税率について、令和8（2026）年10月に、1キロリットル当たり10万円（350ml換算で35円）に引き上げられます。

から引き取られる酒類の数量が課税標準となっている。

PART 5

ストレス解消のための レジャーにもかかる税金

つかの間の休日には、緑の芝生の上で白いボールを追いかけた後は、ゆっくりと温泉につかって日頃のストレスを解消したいものです。しかし、あなたのお供をしているのは、キャディーさんばかりではありません。

ゴルフをすれば、ゴルフ場利用税

ゴルフ場利用税は、ゴルフ場の利用客に対して、ゴルフ場が所在する都道府県が課税する税金です。

まず、特別徴収義務者として指定されたゴルフ場は、ゴルフ場ごとに、徴収義務者として各都道府県知事に登録します。このゴルフ場は、利用客に対して1人1日400円～1,200円（制限税率は1,200円）を徴収して都道府県に納めます。

さらに、都道府県に納められたゴルフ場利用税の70%は、そのゴルフ場の所在する市町村に交付されることになっています。

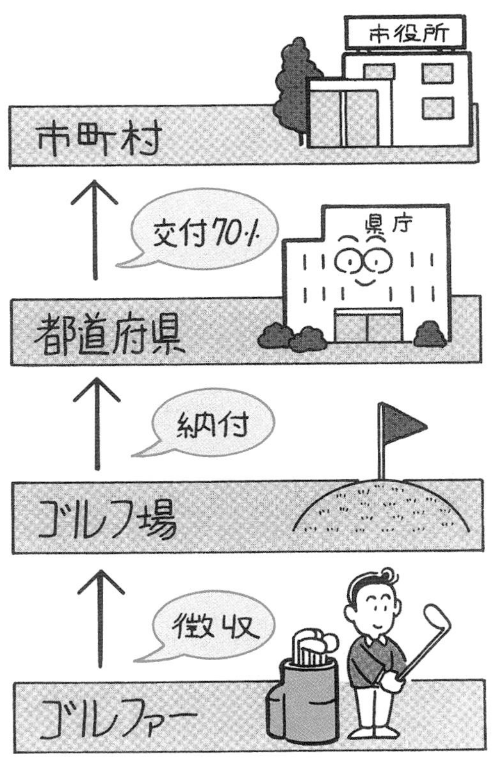

基本用語集 → 入湯税…鉱泉浴場を持つ市町村が課すことのできる地方税。鉱泉浴場に

温泉につかれば入湯税

入湯税は、温泉（正しくは鉱泉浴場）を有する市町村が、環境衛生施設、鉱泉源の保護管理施設、および消防施設その他消防活動に必要な施設の整備、観光の振興などに要する費用に充てるため課税する目的税です。

温泉の所在する市町村は、旅館やホテルの経営者を特別徴収義務者と定め、入湯客１人１日につき150円（標準税額）を徴収します。

また、これら旅館やホテルの宿泊代、その他利用料金には、消費税もかかることになります。

ハンターには狩猟税

ハンターとして登録すると、狩猟税がかかります。

狩猟税は、都道府県知事の狩猟者の登録を受ける者に対して、その都道府県が課する税金です。

ただし、狩猟税は、鳥獣の保護や狩猟に関する行政の実施の費用にあてる目的で徴収する目的税です。

税率は、その免許の種類などに応じて定額とされています。

ONE◆POINT 特別徴収義務者

税金の徴収方法のうち、納税義務者以外の第三者に税金を徴収させ、これを納付させる方法を、徴収納付といいます。徴収納付は、納税義務者から直接に税金を徴収することが困難であるとか、第三者に代行させたほうが簡便かつ確実である場合などに採用されている方法です。具体的には、所得税の源泉徴収、地方税の特別徴収などがあげられます。

地方税における特別徴収において、納税義務者から税金を徴収し、かつ、その税金を地方団体に納入する義務を負う者を特別徴収義務者といいます。

ゴルフ場利用税におけるゴルフ場の経営者、入湯税におけるホテルなどの経営者はこれに該当します。

入湯した入湯客に課す消費課税の一つ。徴収方法は特別徴収方法。

● PART 5

外国みやげに税金がかかる場合

海外旅行をして、たくさんのみやげ品を国内に持ち込む場合には、原則として、簡易税率表に基づいて関税および消費税がかかります。関税は、外国からの輸入品に課せられる税金で、納税者は原則として、貨物の輸入者です。

●●● 関税とは

関税は、外国から輸入される貨物に対して課せられる税金です。関税には、国内産業の保護を主な目的とする保護関税と、財政収入を主な目的とする財政関税とがありますが、わが国を含めて大部分の国の関税は保護関税です。

関税は、すべての輸入品について課税することを原則としており、輸入品をその性質に応じて分類し、品物ごとに税率を定めています。品物によっては、その価格の何パーセントとさだめている場合と、単位あたりいくらと定めている場合とがあります。

●免税になるもの

原則として、すべての輸入品について課税としていますが、さまざまな理

免税範囲（成人１人当たり）

品名		数量または価格	備考
酒類		３本	１本760mlのもの
たばこ	紙巻たばこのみの場合	200本	令和３年10月より 紙巻たばこ200本 葉巻たばこ50本 加熱式たばこ個装等10個 その他のたばこ250g となる。
	加熱式たばこのみの場合	個装等10個 ※１箱あたりの数量は、紙巻たばこ20本に相当する量	
	葉巻たばこのみの場合	50本	
	その他の場合	250g	
香水		２オンス	１オンス＝約28ml

基本用語集 → 関税…輸入貨物に対して課せられる国税、消費税の一種に分類されてい

由から免税とされているものも少なくありません。

海外旅行者が携帯し、または別送する品物で、個人的に使用すると認められるものについては前ページの表の範囲で免除となります。

上記以外のものについては、海外市価の合計額が20万円までは免税となります。ただし、この計算には、１品目ごとの海外市価の合計額が１万円以下のものは含める必要はありません。

●税金のめやす

旅行者のみやげ品には、次に掲げる簡易税率が適用されます。なお、この簡易税率は関税と消費税などを統合した税率です。

品　　名	税　　率
1　酒類	
⑴ ウイスキー	1本（750mℓ）につき600円
⑵ ブランデー	1本（700mℓ）につき560円
⑶ ラム、ジン、ウオッカ	1本（750mℓ）につき375円
⑷ リキュール	1本（750mℓ）につき300円
⑸ 焼酎など	1本（750mℓ）につき225円
⑹ その他もの（ワイン、ビール等）	1本（750mℓ）につき150円
2　その他の物品（関税が無税のものを除く）	15%
3　紙たばこ	1本につき　15円

ただし、１個（１組）の課税価格が10万円を超えるものや、その他、特定の品物などには一般の関税率が適用されることになっています。また、関税が無税で、免税範囲を超えるものは、消費税10％（軽減税率適用は８％）のみが課税されます。

ONE◆POINT　税関の手続き

飛行機を降りて、入国審査をすませ、荷物を受け取ったら、最後に税関が待っています。税関では、免税範囲内の緑色ランプへ、課税の人やどちらかわからない人は赤色ランプ台に並ぶことになります。ここでは、荷物の検査とともに「携帯品・別送品申告書」を提出することになりますが、免税範囲内の人は、口頭申告でよいことになっています。ただし、別送品がある人はこの申告書を提出しないと、一般の貿易貨物と同じ輸入手続きが必要となるので注意が必要です。

納める税金を税関検査場内の銀行で納税し、ようやくこれで帰国となるのです。

る。関税の課税標準は、輸入貨物の価格または数量とされる。

● PART 5

ゴルフ会員権を売ったときにかかる税金

ゴルフ会員権の譲渡による所得は、土地や建物の譲渡による所得とは異なり、他の所得と総合して所得税が課税されます。譲渡所得はその性格から、短期譲渡所得と長期譲渡所得とに区分され、課税が軽減されます。

短期譲渡所得と長期譲渡所得の区分

その譲渡が、その譲渡した資産を取得した日から

5 年 以 内 に	→	短期譲渡取得
5 年を超えて	→	長期譲渡取得
行われたとき		に該当する

短期譲渡所得と長期譲渡所得の区分は上のとおりです。

●譲渡所得の計算

譲渡所得の金額は資産の譲渡による収入金額から、その資産の取得費と譲渡のために直接要した経費との合計額を控除した金額から、譲渡所得の特別控除額(50万円を限度)を控除し、さらに長期譲渡所得である場合にはその2分の1が課税される譲渡所得金額となります。

基本用語集 → ゴルフ場利用税…ゴルフ場施設の利用者に課税される道府県税(東京都

●取得費

ゴルフ会員権を相続などにより取得し、その取得費がわからないなどというときには、そのゴルフ会員権の譲渡収入金額の５％相当額、または実際の取得費がその５％相当額に満たないときには５％相当額とすることができます。

●譲渡のために直接要した経費

譲渡のために直接要した経費とは、ゴルフ会員権を売った際の仲介手数料などをいいます。

短期・長期譲渡所得の両方がある場合

同一年に短期・長期譲渡所得の両方がある場合の課税所得の計算は、少し複雑になります。なぜならば、特別控除額はまず短期譲渡所得から控除するというルールがあるからです。

この場合、短期譲渡所得の金額が特別控除額の50万円を超えていれば、特別控除額を控除した後の金額が課税される短期譲渡所得の金額となり、長期譲渡所得の金額はその２分の１が課税される長期譲渡所得の金額となり、問題はありません。

しかし、短期譲渡所得の金額が50万円以下ならば、特別控除後には長期譲渡所得からも引ける金額が残り、その残った金額を長期譲渡所得の金額から控除し、さらに２分の１をした金額が課税される長期譲渡所得の金額となります。

ONE◆POINT　ゴルフ会員権の譲渡損失の損益通算が廃止

ゴルフ会員権を譲渡したときに損失が出た場合、これまでは他の所得と損益通算して相殺することができました。

しかし、平成26年４月からは、ゴルフ会員権を売却した際の譲渡損失は、他の所得と損益通算することができなくなりました。これは、ゴルフ会員権が「生活に通常必要でない資産」の中に位置づけられたためです。

PART 5

株を売って儲けたとき、損したとき

株を売って儲けたときは税金がかかります。株で儲けた税金の計算は会社から受け取る給料とは分けて計算する申告分離課税です。また、株の取引は証券会社の特定口座を利用するケースが多いですが、売却損が発生したときは申告したほうがよい場合があります。

申告分離課税制度

上場株式等を譲渡した場合の所得については、他の所得と区分して、その上場株式等の譲渡にかかる所得金額の15%に相当する所得税と5%に相当する住民税が課税されています。

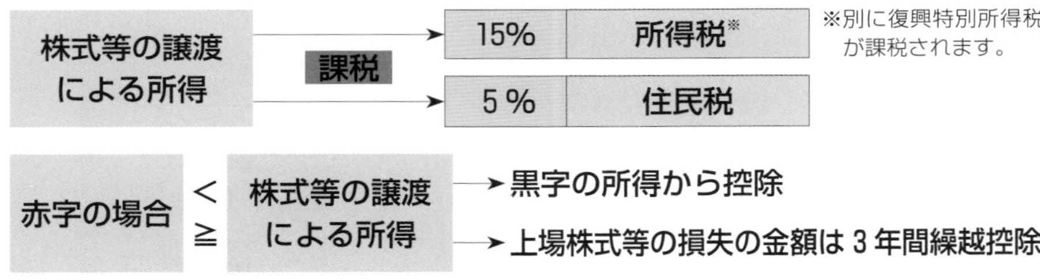

この場合において、上場株式等の譲渡による所得金額の計算上生じた損失の金額は、総所得金額または土地や建物を売ったことによる譲渡所得などの金額からは控除できませんが、他の上場株式等の譲渡による所得の範囲内においては、他の上場株式等の譲渡による黒字の所得から控除します。なお、上場株式等の譲渡損失の金額は3年間繰り越して控除できます。

株式等の譲渡による所得

株式等の譲渡による所得は、株式等の譲渡収入金額から株式等の取得価額および譲渡した株式等の取得に要した負債の利子、譲渡費用を控除した金額が株式等の譲渡による所得金額となります。

基本用語集 狩猟税…道府県が、狩猟者の登録を受ける者に対して課すことのできる

上場株式等に係る譲渡損失の損益通算および繰越控除の特例

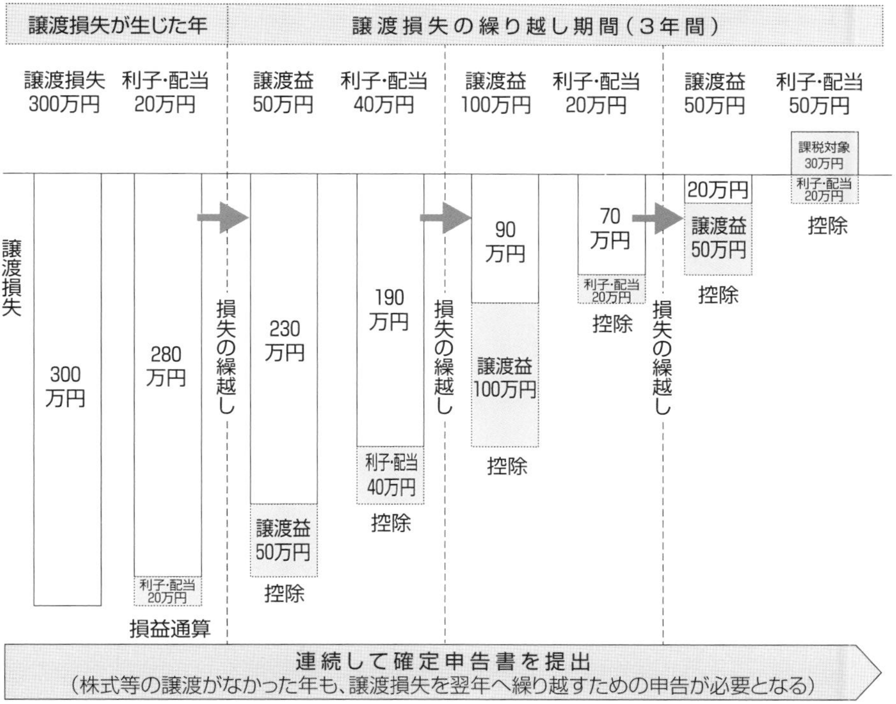

（国税庁HPより作成）

ONE◆POINT 証券会社の源泉徴収ありの特定口座システム

証券会社が投資家に代わって、株式の売買損益を計算してくれる制度が「特定口座」。証券会社は、１年間の取引報告書を作成します。特定口座は､「源泉徴収あり」と「源泉徴収なし」の２通りあり、「源泉徴収あり」を選択した場合は確定申告は不要であり（ただし、譲渡損失の繰越控除の特例の適用を受ける場合は確定申告が必要となる。)、「源泉徴収なし」を選択した場合は確定申告の必要があります。

また、平成22年からは「源泉徴収あり」の特定口座に受け入れる配当等については、申告せずに特定口座内で生じた譲渡損失との損益通算ができます。

申告分離課税に一本化

投資家の確定申告が増加

特定口座で証券会社が代行

● PART 5

消費税のしくみ、本当の負担者は誰？

消費税は、ほとんどの商品やサービスの消費に対して課税される間接税です。消費税は流通の各段階において順次課税され、最終的には消費者が負担し、事業者が納付するしくみになっています。

消費税のしくみ

消費税は、製造から卸へ、卸から小売りへ、小売りから消費者へと、順次行われる取引のすべての段階で課税され、その税額は順次先へ転嫁されていくことが予定されています。

このため、最終的にはすべて消費者に転嫁され、消費者が商品やサービスの購入を通じて負担することになります。

消費税の場合、法人、個人を問わず流通の各段階の事業者が納税義務者となっています。

消費税の流れ

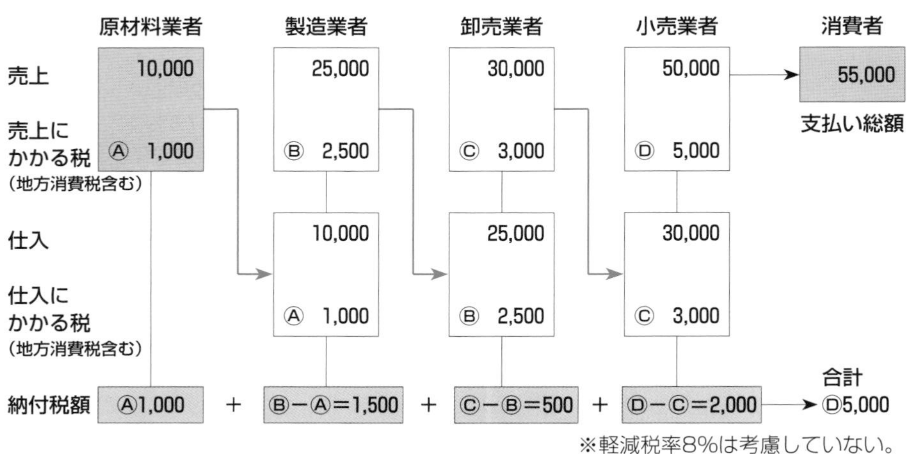

※軽減税率8%は考慮していない。

基本用語集 益税…消費者が支払った消費税のうち、納税されずに免税事業者などの

消費税の計算

事業者は、売り上げにかかる消費税額から、仕入れにかかる消費税額を控除（仕入税額控除）して、残りを国に納付します。つまり、この控除をすることにより、事業者は、すべての消費税を負担することなく、自分が付加した利益部分の消費税のみを納付すればよいことになっています。

納付税額	＝	課税対象となる売上高（税抜）	× 10% −（地方消費税含む）	課税対象となる仕入高（税抜）	× 10%（地方消費税含む）

※課税期間は、原則として個人は暦年、法人は事業年度。
※税率は平成26年４月から８％。令和元（2019）年10月から10%となり、消費税率引き上げにともなう低所得者対策として、軽減税率８％が①酒類および外食を除く飲食料品と、②新聞の定期購読料に導入された。上記は、軽減税率８％は考慮していない。

実際の流れ

商品の流れから見た消費税のしくみは、前ページの表でおわかりいただけたと思います。しかし、実際の事業者の活動は、単に商品を売り買いしているだけではありません。

店舗や工場の建設、商品の運送・保管・宣伝広告、光熱費、電話代など、商品を販売するためにはさまざまな支出を伴います。

消費税では、これら諸経費や設備投資など一切の支出のうち、消費税が課税されているものを課税仕入れとして、仕入税控除の対象としています。

ONE◆POINT 地方消費税

説明を簡単にするため、本文の中で消費税の税率を10%として説明しましたが、令和元年10月１日以後に行われる取引については消費税の税率は7.8%、あわせて地方消費税の税率は2.2%とされているので、消費税と地方消費税を合わせた税率は10%となっています。

たとえば、あなたが電気屋さんへ行って10万円のパソコンを買ったとします。この場合、消費税10,000円を含めて11万円を支払うことになります。

この消費税10,000円の内訳は以下のようになります。

消　費　税（7.8%）	100,000×7.8%＝7,800円
地方消費税（2.2%）	100,000×2.2%＝2,200円

● PART 5

消費税のポイント

消費税率は、平成26年４月から８％に引き上げられたあと、令和元（2019）年10月からは10%になりました。消費税は逆進性の強い税金といわれ、低所得者対策として軽減税率制度が導入されました。

日本と諸外国との消費税の比較

諸外国の消費税（付加価値税）率比較

	税率		
	標準税率	ゼロ税率	軽減税率
日本	10% （地方消費税を含む）	なし	８％ 酒類と外食を除く飲食料品と 新聞の定期購読料（地方消費税を含む）
フランス	20%	なし	旅客輸送、宿泊施設の利用、外食サービスなど…10% 書籍、食料品など…5.5% 新聞、雑誌、医薬品など…2.1%
ドイツ	19%	太陽光パネル等	食料品、水道水、新聞、雑誌、書籍、旅客輸送、宿泊施設の利用など…７％
イギリス	20%	食料品、水道水（家庭用）、新聞、雑誌、書籍、国内旅客輸送、医薬品、居住用建物の建築、障害者用機器など	家庭用燃料、電力など…５％
スウェーデン	25%	なし	食料品、宿泊施設の利用、外食サービスなど…12% 新聞、書籍、雑誌、スポーツ観戦、映画、旅客輸送など…６％

出典：2023年１月現在。財務省資料より

諸外国の軽減税率の例

・ドイツ…ファストフード店で販売されるハンバーガーは、店内で食べると19%の標準税率が課せられるが、テイクアウト（持ち帰り）をすると食料品扱いで７％の軽減税率となる。

・イギリス…外食サービスは20%の標準税率が課せられるが、食料品だと０％に軽減される。

・フランス…キャビアには20%の標準税率が課せられるが、フォアグラやトリュフはフランスの国内産業を守るため5.5%の軽減税率。

基本用語集 → 価格の総額表示…商品等の価格を消費税等を含めた総額で表示するこ

日本版インボイス制度の導入

令和５（2023）年10月から日本版インボイス制度（適格請求書等保存方式）が導入されました。

インボイスとは売手が買手に対して正確な消費税率や消費税額（適格請求書）を伝えるものです。売手である登録事業者※は買手である取引相手（課税事業者）から求められたときには、インボイスを交付しなければなりません。また交付したインボイスの写しを保存しておく必要があります。

買手は仕入税額控除の適用を受けるために原則として売手から交付を受けたインボイスの保存が必要となります。

※適格請求書を交付できるのは適格請求書発行事業者（登録事業者）に限られ適格発行事業者になるためには登録を受ける必要があります。なお、課税事業者でなければ登録を受けることができません。

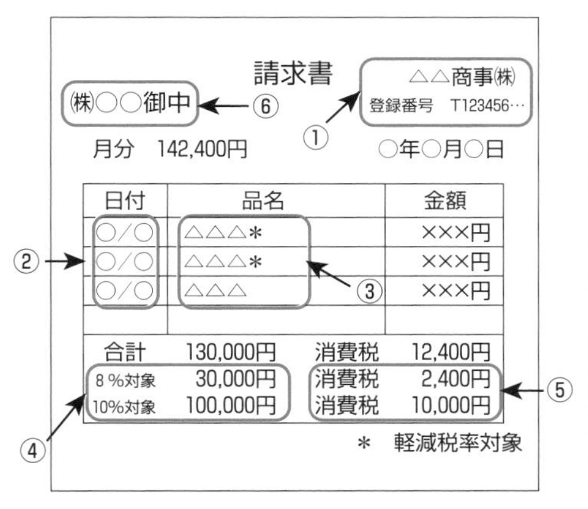

適格請求書

①適格請求書発行事業者の氏名または名称および**登録番号**
②取引年月日
③取引内容（軽減税率の対象品目である旨）
④税率ごとに区分して合計した対価の額（税抜きまたは税込み）および**適用税率**
⑤**税率ごとに区分した消費税額等**
⑥書類の交付を受ける事業者の氏名または名称

ONE・POINT　外食とは

消費税が10％に引き上げられる際には、外食にも10％の標準税率が適用されました。けれども、牛丼店やハンバーガーショップなどのテイクアウト、そば屋などの出前やピザの宅配、寿司店などのお土産、持ち帰り可能な状態で販売されるコンビニなどの弁当・総菜は外食にはあたらず、8％の軽減税率が適用されました。

と。

● PART 5

消費税のかからないもの、非課税取引とは？

消費税では、消費税の性格になじまないもの、社会政策上の配慮によるものなど、一定の取引を非課税取引として定めています。非課税取引は、たとえ課税事業者が行っても消費税はかかりません。

非課税取引の考え方

消費税は、広く薄く負担を求めるとの観点から導入された税金です。このため、私たちが購入するほとんどの商品やサービスについて消費税がかかっています。すべての取引のうち、消費税の課税対象は、

⑴国内取引については以下の①～④を満たす取引が課税対象
①事業者が、②事業として、③対価を得て行う、④資産の譲渡等
⑵保税地域から引き取られる外国貨物

と規定されています。まず、これらの要件に該当しないものは「課税対象外取引」として区分され、消費税はかかりません。

※平成27年10月より、国外事業者が国境を越えて行う電子書籍、音楽、広告の配信等の電子商取引に課税されます。

非課税取引

次に、この要件に該当したからといっても必ずしも消費税がかかるとは限りません。このうち①消費税の性格になじまないもの、②社会政策上の配慮によるものなど、一定のものを「非課税取引」として消費税を課さないこととしています。

基本用語集→ 消費税…原則としてすべての物品やサービスの消費に対して課される税

消費税の性格になじまないもの

①土地、借地権などの譲渡および貸付け

※一時的な使用や駐車場などの施設の利用に伴うものは課税

②有価証券（国債、社債、株式など）、支払手段（小切手、約束手形など）の譲渡

③貸付金や預貯金の利子、信用保証料、合同運用信託や公社債投資信託の報酬、保険料、共済掛金など

④郵便局で購入する郵便切手類、印紙、証紙、物品切手（商品券、プリペイドカード）などの譲渡

⑤国、地方公共団体などの手数料など

⑥国際郵便為替、外国為替業務など

社会政策上の配慮によるもの

①医療保険各法、高齢者の医療の確保に関する法律、身体障害者福祉法等に基づく医療

※差額ベッド代（出産前後にかかるものを除く）、健康診断（人間ドック）、美容整形などは課税

②助産の費用……産前産後の検診、入院費用など

③埋葬料、火葬料　※一般の葬儀費用は課税

④身体障害者用物品

⑤特別養護老人ホーム・老人福祉センター経営事業、ホームヘルパーなど在宅サービスなど一定の社会福祉事業

⑥幼稚園、小、中・高校・大学・高専、専修学校、一定の各種学校が収納する授業料および入学検定料、また、これら学校の施設設備の整備、維持利用にかかる費用、在籍証明などの手数料

⑦小・中・高校、盲学校、聾学校、養護学校の教科書用図書

⑧住宅の貸付け（一時的なものは除く）

ONE◆POINT「事業として」とは

課税取引の条件②の「事業として」とは、対価を得て行う資産の譲渡等を反復・継続・独立して行うことをいいます。

たとえば、ある個人事業者が昔から持っていた掛け軸を知人から求められ100万円で売却したとします。この場合には、事業者が、対価（100万円）を得て、資産（掛け軸）の譲渡をしたわけだから、課税取引の条件の①、③、④には該当したことになります。しかし、売却した掛け軸は家庭用の資産であって、事業用の資産ではないものと考えられるので、②の「事業として」行われた行為には該当しないことになるのです。したがって、この場合、消費税では課税の対象にはなりません。

金。消費一般に負担を求める間接税。平成元（1989）年４月より適用された。

さくいん

あ行

か行

さ行

た行

さくいん

著者紹介

芥川　靖彦（あくたがわ　やすひこ）

東京生まれ。早稲田大学法学部中退。
1986年芥川税理士事務所設立。2004年税理士法人元（GEN）設立。2012年から23年に早稲田大学にて相続税の講義を務める。日本税理士会連合会元理事。日本税理士会連合会の全国統一研修会、税理士登録時研修会において講師を務める。

ホームページアドレス
http://www.taxbox.co.jp

篠﨑　雄二（しのざき　ゆうじ）

茨城生まれ。駒沢大学経済学部卒業。
1992年篠﨑税理士事務所を設立。中小企業の税務コンサルティングや、相続・不動産に関する税務指導にあたる。簡単・親切・丁寧な指導がモットー。

図解　わかる税金

2024年5月5日　初版発行

著　者　芥川 靖彦／篠﨑 雄二
発行者　富永靖弘
印刷所　今家印刷株式会社

発行所　東京都台東区台東2丁目24　株式会社 新星出版社
〒110-0016　☎03(3831)0743

ISBN978-4-405-10441-9